髙畑宗明

「腸内酵素力」で、ボケもがんも寄りつかない

講談社+α《プラスアルファ》新書

はじめに

「グリーンスムージーで酵素を補給」
「生野菜を食べると酵素が節約できる」
「酵素ドリンクがダイエットに効果的」

これらは、よくある「酵素に対する誤解」です。日常的にグリーンスムージーを取り入れている方などは、少し驚かれたかもしれません。

日本は、アメリカなどと比較して、バランスのとれた食事に恵まれています。しかし、「なぜそれが健康にいいのか」という知識が不足しているため、誤った情報に流されてしまいがちなのです。

それは近年の酵素ブームにもあてはまります。ベストセラーになった書籍も含めて、その内容は偽りといっていいようなものが少なくなく、鵜呑《うの》みにしてしまう方が増えていくのを危惧してきました。

日本に伝統的に息づいている発酵の力、そして正しい酵素の知識を、いかにして日本だけでなく世界の多くのみなさんにお伝えしたらいいか。私は日本の研究機関のほか、フランスのリール大学やアメリカのハーバード大学などとの共同研究を行う一方、この10年間、その成果を携え世界15ヵ国以上を回って啓蒙活動を行ってきました。

というのも、酵素の働きをよく知ることは、将来にわたっての健康維持だけでなく、現在進行形で増加の一途をたどっている腸が発端の病への予防法でもあるということを早く知っていただきたいと願っているからです。

残念ながら、日本人だけを見てもその腸内環境は、昔と比べて悪化しているといわざるを得ません。

たとえば、大腸がんによる死亡者数は、1989年から2013年までの24年で年間約2万3000人から約4万8000人に増え（独立行政法人国立がん研究センター）、女性では、がん死亡原因の第1位（男性は第3位）となっています。

また、大腸がん以外の腸の疾患も急激に増えています。大腸ポリープ、潰瘍性大腸炎、クローン病、過敏性腸症候群など、こうした病名を以前より聞く機会が多くなった、身近でそういう病気になった人がいるというような方もいらっしゃるのではないでしょうか。

　酵素の正しい知識を持つことによって、日本人を脅かすこうした現状を改善できるのと同時に、実は、その恩恵は日々の生活にもはっきりと表れてくるということを、私自身体験しているのです。それが、酵素の研究に携わるきっかけにもなりました。

　大学に入り、親もとを離れて自由な学生生活を満喫していた私は、健康にはもともと自信があることから、食事や生活習慣が乱れることなどかえりみない日々を送っていました。

　するとそのうち肌荒れが始まり、頬や唇が化膿して、皮膚科でステロイドを処方されるほどになってしまったのです。マスクなしでは恥ずかしくて外出できず、さらに一度お腹を壊すと長引き、毎食後トイレに行かなくてはならないこともしばしば。接客のアルバイトにも支障が出てしまい、自信までなくなってきてしまいました。

　そんな状態を見かねた母が、食生活の改善を強くすすめたのです。ところが私は最初のうち「腸なんて、単に食べ物を吸収して、いらないものを外に出すだけでしょ」と、聞く耳も持ちませんでした。

　しかし、体調は悪くなる一方。少しずつ腸を意識した食生活を始めてみました。それまでは朝は菓子パン、昼夜はコンビニやファストフードで食べたいものだけ食べ、しかも深夜までのアルバイトで夜中にも平気でお腹いっぱい食べるような生活。

まずは深夜までバイトをすることをやめ、1日3食の時間帯を正常にし、自炊する回数を増やしたり、主食、主菜、副菜をできるだけ意識してとるよう努めたところ、劇的な変化ではありませんでしたが、肌もお腹の調子ももとどおりになっていったのです。

このことは、私にとって大きな驚きでした。そして、自分の人生を大きく変えていくきっかけにもなったのです。その後私は、通っていた教育学部から、腸を研究するため一念発起し大学院から理系に転身、博士課程に進学、今日にいたります。この間を言い換えれば、腸が人間の幸不幸にどれほど影響するかを学んだ期間だったといっても過言ではありません。

私たちの腸の中には、数えきれないほどの微生物が共生しています。この腸に共生している微生物を「腸内細菌」といいます。その数はなんと、人間の細胞の数をはるかにしのぎます。微生物研究をテーマにしている研究室で、私は酵素の研究に没頭し、「酵素機能化学」という分野の研究で博士号を取得。そして、酵素について知識を深める中で、腸内細菌のつくり出す酵素の力と、私たち人間の健康との密接な関係性を知るに至ったのです。

今、世の中には「酵素が健康によい」として、数多くのいわゆる「酵素食品」が販売されています。しかしそれらは、私が実際研究してきた酵素とは大きくかけ離れたものです。では、どういうものが正しい酵素食品かといえば、「腸内細菌のつくり出す酵素の力を引き出す効果のあるもの」といっていいでしょう。その観点からはずれた製品は、私たちの腸から始まる健康への道に役に立ちません。

さらにいえば、暮らしは便利になり、生活環境も清潔志向が当たり前で、滅菌・抗菌の機能を持った商品も、おびただしい数が発売されています。その一方で、私たちの中から失われつつある、あるキーワードがあります。それは「多様性（diversity）」です。

多様性と聞くと、生物多様性を思い浮かべる方もいらっしゃるでしょう。生物多様性とは、地球の環境のように私たち人間だけで成り立っているのではなく、多様な種類の動物や植物がバランスをとって、ささえ合って生きている状態のことです。

実は、健康な人の体内では、このような多様性が、腸内細菌の力によって保たれているのです。しかし近年、便秘が増え続け、さらにアトピー性皮膚炎や喘息、そして前に述べた大腸がんなど、腸から始まる病気が増え続けています。

こうした病気の人々の腸内細菌を調べると、多様性がとても少ないことがわかってきました。地球上の生物多様性が減少すると環境破壊や自然破壊につながるのと同様に、腸の中にある「微生物多様性」とも呼ぶべき腸内細菌の多様性が減少することが、多くの病気につながっていたのです。そこには一見、腸と関係ないように思われる認知症や腸以外のがんも含まれます。さらに、この微生物多様性と腸内細菌がつくり出す酵素には、深い関係があることが明らかになってきました。

なぜ、腸内細菌の多様性が減少してしまったのか。なぜ、腸内細菌の多様性が減少すると病気につながってしまうのか。そのことと酵素の力とどのような関係があるのか。本書では腸内細菌と酵素の関係性から、こうした疑問にわかりやすくお答えしていきたいと思います。そして、腸内細菌が私たちの健康において果たしている、想像を超える力を知っていただき、日々の腸ケアについての具体的な解決策をお伝えします。

お腹の中に住む腸内細菌をよきパートナーとして認め、意識的におたがいにとって快適な生き方をすること。それこそが、彼らがつくる酵素の力によって、健康的に若々しく生きる秘訣なのです。読者のみなさんにも、素敵な毎日をお届けできればこれほどうれしいことはありません。

◉目次

第3章 腸内酵素で根本から「アンチエイジング」

第4章 うつ、ボケも腸内酵素で改善できる

第5章 あなたの腸の問題を解決！ タイプ別腸診断

第6章　酵素力の上げ方がまとめてわかるQ&A

おわりに

第1章　若さと健康のカギは善玉菌の「酵素」にある

科学的根拠がなかった酵素栄養学

書店の健康本コーナーやドラッグストアに行くと、酵素を扱ったものが少なくありません。新聞やテレビCMも同様の状況で、酵素ブームはこれからも続いていくことでしょう。

本書は、科学的な根拠をもとに、「酵素によって健康な人生を送るための基本的な知識」と、「日常生活でかんたんに行える実践法」を紹介するものです。そこでまず、今世の中に広まっている酵素についての知識が根本的に間違っていることを指摘させてください。

たとえば、書店に行って驚くのは、酵素について書かれたベストセラーの多くが、科学的に根拠のない理論をベースにしていることです（酵素については後ほどくわしく解説いたしますので、とりあえずは、「人間の健康に欠かせないもの」と捉えていただけたらと思います）。

科学的に根拠のない理論とは具体的に何かというと、酵素栄養学と呼ばれる理論です。エドワード・ハウエル氏が提唱した理論ですが、「人間が生産できる酵素の量は決まっている（だから、酵素を節約すると長生きできる）」「消化に使われる酵素を節約するために、酵素が含まれる生の食品を摂取しよう」という主張をしています。

この理論はわかりやすいのが特徴ではありますが、それを証明する実験や論文はほぼ存在せず、微生物学や農学といった分野の科学者・研究者からはまったく信頼されていません。人間が生産できる酵素の量が決まっているというデータはありませんし、生の食品を摂ることが、人間の酵素の節約につながるということもありません（パイナップルや大根など、一部の食品はほかの食品を分解する酵素が含まれるので、消化を補助するという意味合いはあります。ただ、基本的に消化に関しては、きちんとした咀嚼や適切な消化管の状態の維持が大切です）。

また、食品から摂り入れた酵素が、そのまま人間の体に定着するということもありません。酵素はたんぱく質の一種です。私たちの体の筋肉、髪、爪などもたんぱく質でできています。とはいっても、髪や爪を食べたらそれがそのまま自分の髪や爪になると考える人はいらっしゃらないと思います。酵素も一緒で、外から酵素を摂り入れたとしても、それがそのまま自分の酵素になるわけではないのです。

食べ物に含まれるたんぱく質は、消化作用で分解されてアミノ酸になり、腸から吸収されて私たちの体の栄養になります。そして、体内で人間に適したかたちに組み立て直されて、体をつくる材料になります。

酵素もたんぱく質の一種ですから、食べた（飲んだ）酵素も肉や魚のたんぱく質と同じように、私たちの体の消化酵素によって分解されてアミノ酸になり、吸収された後に適したかたちに組み立て直されます。一部は酵素として生まれ変わるでしょうが、酵素を摂ることは、たんぱく質を食べたり飲んだりすることと何ら変わりはないのです。

流行のグリーンスムージーの嘘

科学的に根拠がないにもかかわらず、「加熱していない生の野菜や果物で酵素を補給しよう」という酵素栄養学の考え方に触れ、酵素を補給する目的で、グリーンスムージーをつくって飲まれる方が増えています。

グリーンスムージーとは、フレッシュな野菜や果物をミキサーにかけてジュース状にしたドリンクのことです。もともとはアメリカで広まり、毎日の食卓に生きた食材（リビングフード）を取り入れようという考え方から始まりました。ハリウッド女優や各界の著名人も始めたことで、日本でもまたたく間に広がってきています。

私は、グリーンスムージーに関して、日常生活に適度に取り入れるのであれば、有用だと考えています。それはやはり、現代社会では日常の野菜や果物の摂取量が不足しているからです。

日本人の食物繊維の摂取量は、1950年代ではひとり1日あたり20gを超えていました。しかし食の欧米化やライフスタイルの変化にともない、最近では1日あたり14g前後と推定されています。女性では特に、便秘の悩みを抱える方が多く、グリーンスムージーで食物繊維の摂取量が増えることによって、症状が改善されることもあるでしょう。また、食事の前にグリーンスムージーを適量飲むことで、糖質の吸収がゆるやかになり、血糖値の上昇を抑える効果もあります。

ただし、酵素を直接補うために飲むのは間違っていること、極端な飲み方をすると逆効果なことは、知っておく必要があります。グリーンスムージーへの間違った知識によって起こる弊害は少なくありません。

まず、心配なのが栄養の偏り。グリーンスムージーを飲んでいる方の中には、「植物性の食材だけを摂るのが体にいい」といった極端な考えをされている方が少なくないのです。

私たちの体はたんぱく質、糖質、脂質といったいろいろな栄養素をもとにしてつくられています。ところが、たとえばたんぱく質についていうと野菜や果物にはたんぱく質がそれほど多く含まれていませんし、アミノ酸の種類も偏っています。

人間の体は植物性のものだけでなく、動物性のたんぱく質に含まれるアミノ酸も使ってつくられます。そのため、肉や魚などの動物性食材も適度に摂取する必要があります。植物性の食材からつくられているグリーンスムージーはたんぱく質の量が少ないので、それだけで一食を済ませてしまっている方は、特にたんぱく質の不足が心配されます。

なお、食物繊維を補うという意味では、さつま芋や大根、ごぼう、たけのこ、大豆類、ひじきなどのほうが、効率的な摂取が可能です。

また、グリーンスムージーは、ミキサーで材料を粉砕してジュース状にして飲むため、「噛む」という動作が必要ありません。実は、この噛むことは健康と大きく関連しています。噛むことで唾液がたくさん分泌されると、唾液に含まれる酵素が十分に働き、胃腸の負担を軽くするとともに、栄養素も効率よく吸収されます。つまり、酵素の観点からもマイナスで、消化と栄養素の吸収面でも、噛まないグリーンスムージーは優れているとはいえないのです。

さらに、噛むときにはいろいろな筋肉が使われます。筋肉を動かすことで脳の神経が刺激され、脳の活性化にもつながります。よくスポーツ選手がガムを噛んでいる場面を目にしますが、これは噛むことで脳を刺激し、集中力を高めると同時にストレス緩和効果を期待しているのです。グリーンスムージーのような流動食では、噛むことのメリットが享受できず、筋肉を使わないことによる身体機能の低下が心配されます。

温度の問題もあります。グリーンスムージーは冷やして飲む場合も多いですが、体温が上がり始める朝に冷やしたグリーンスムージーを常飲すると、腸を冷やしてしまい悪影響をおよぼしかねません。食事の補助的なものとして取り入れるのであれば、常温で飲むのがいいでしょう。

要注意な酵素ドリンクダイエット

健康食品分野でブームとなっている酵素ドリンク（酵素が豊富に含まれているとうたっている飲料）も、あまりおすすめできません。インターネットで検索すると、健康的に痩せられる「ダイエット食品」として、山のように酵素ドリンクがヒットしますが、グリーンスムージーと同じく、売りとなっている酵素は直接摂り入れられませんし、それ以外にも疑わしい点が多いのです。

まず、そもそも酵素ドリンクには（働ける状態の）酵素が入っているのかという問題があります。酵素ドリンクは液体の形状をしており、「清涼飲料水」という規格に分類されます。かんたんにいうと、市販されている水やジュースと同じ分類です。この清涼飲料水規格の製品は、食品衛生法という法律に従って加熱殺菌する義務があります。加熱殺菌しないと、微生物が繁殖して膨張したり、有害菌が増えたりする可能性があるからです。

液体は、もともと雑菌が繁殖しやすい形状です。液体状で長期間保存するためにも、加熱して殺菌することは大切な工程になります。具体的には、清涼飲料水は65℃で10分程度の加熱殺菌処理がなされています。

ところが、一般的な酵素は50℃から60℃付近で酵素としての働きが失われ、変性してしまいます。これを「失活」と呼びますが、酵素ドリンクの生産時に酵素が液体中にあったとしても、加熱処理でその酵素は失活してしまうことになります。

酵素ドリンクには、こうした事実を理解したうえで、「酵素の中には100℃で働くものもある（すべて失活しているわけではない）」と記載されていることがあります。確かにそういった酵素も存在しますが、それらの酵素は100℃でも生きられる微生物がつくる、特殊な酵素です。

酵素ドリンクの原料となっている野菜や果物自体には100℃でも働く特殊な酵素は含まれていないので、可能性としては、発酵に100℃で生きられる微生物が使われている場合のみです。もしあなたが酵素ドリンクを飲まれているとしたら、製造元にどのような微生物を使っているか確認してみるといいでしょう。

また、酵素ドリンクで危険なのが、食事の代わりに酵素ドリンクを飲む、「置き換えダイエット」が推奨されていることです。

たとえば、ある酵素ドリンクダイエットのプログラムは次のようになっています。

【短期集中、週末酵素ドリンクダイエット】

金曜日　夕食を抜いて酵素ドリンクを1杯
土曜日　朝昼食は玄米だけで酵素ドリンクを1杯プラス、夕食は抜いて酵素ドリンク1杯
日曜日　朝食を抜いて酵素ドリンク1杯、昼夕食は玄米だけで酵素ドリンク1杯プラス

【毎日置き換え酵素ドリンクダイエット】

毎日の食事を1食抜いて、酵素ドリンクに置き換える

酵素ドリンクには栄養素として糖質やビタミン、ミネラルなどが含まれていますが、ふつ

うの食事の代替となるほどの栄養素はありません。結果として、体の維持のために筋肉などが分解されてしまい（脂肪より生命活動に対して優先順位の低い筋肉が先にエネルギーとして分解されるため）、一時は痩せるかもしれませんが、不健康で太りやすい、リバウンドしやすい体ができあがってしまいます。極端なダイエットをすると、バストやヒップをささえる筋肉が落ち、メリハリのない体形になってしまうのはそのことによるのです。

ファスティング（断食）の一環として酵素ドリンクを取り入れている方も、個人での使用はおすすめできません。きちんと栄養指導のできる専門家と取り組むほうがよいでしょう。健康的に美しく痩せるのであれば、適度な運動とバランスのとれた食事がいちばんです。グリーンスムージーや酵素ドリンクによる置き換えダイエットは、誤った知識をベースにした危険なブームだと感じますので、みなさんには、正しい知識をベースに健康的な食生活を送っていただけたらと思います。

ではさっそく、酵素や酵素が持つパワーについて、正しい知識を紹介していきましょう。

健康も美しさも腸内環境で決まる

人は何歳になっても、「健康」でありたいと願うものです。また、何歳になっても「若々しさ」や「美しさ」は人を魅了します。女性においては「美魔女」という言葉が流行し、年齢を重ねても健康的に輝き続ける方たちが脚光を浴びました。男性に目を向けても、医師の南雲吉則さんの『50歳を超えても30代に見える生き方――「人生100年計画」の行程表』（講談社＋α新書）がヒットするなど、アンチエイジングに強い関心があることがうかがえます。

でも、そもそも健康や若々しさや美しさとは、何を表しているのでしょう。

「You are what you eat.（あなたが食べたものであなたの体はつくられている）」という言葉があります。

体はつねに古い細胞と新しい細胞が入れ替わっていて、新しい細胞は食事から摂取した栄養素をもとにつくられます。だから、私たちは「私たちの食べたもの」でできているといっても過言ではありません。そして、その食べたものを吸収する唯一の器官が腸なのです。

しかし、腸内環境が悪化すると、食事はうまく吸収・排泄されません。その結果として、免疫力が落ちて病気にかかりやすくなるだけでなく、肌、髪、爪などが荒れていき、若々しさや美しさも維持できなくなってしまうのです。健康や若々しさや美しさは、腸内環境を映した鏡のようなものといってもいいでしょう。つまり、健康や若さや美しさを維持している人は、腸内環境が整っている人ということになります。

また、最近の研究で、幸福ホルモンと呼ばれるセロトニンも、95%が腸でつくられていることがわかりました。外見だけでなく、精神的な面でも腸内環境が大切ということになります。人生の豊かさは、腸内環境に大きく左右されるのです。

ただ、残念ながら「はじめに」で述べたとおり、現代人の腸内環境は、昔と比べて悪化していることが、大腸がんを例にとっても明らかです。１９５５年の死亡率と比べると、それから半世紀後には10倍となり、女性のがん死亡原因の第1位、男性では第3位となっています。腸内環境を悪化させる原因としては、第2章以降でくわしく述べますが、食品添加物の摂取や過度の衛生管理、ストレスの増加、運動不足などがあるでしょう。

では、腸内環境を整えるためには何をしたらいいのでしょうか。そのカギを握っているのが、「人がつくる酵素」よりも数がはるかに多い「腸内細菌がつくる酵素」です。本書では、この腸内細菌がつくる酵素を「腸内酵素」と定義しています。そして、腸内酵素の力をアップするために善玉の腸内細菌を育てるという視点から、具体的な４つの習慣をはじめとするライフスタイルを提案しています。

人の細胞がつくる酵素の働き

近年、テレビ、新聞、インターネットなどで酵素のパワーをうたった健康食品の広告をたくさん目にするようになったこともあり、酵素が健康と関係しているのはなんとなくわかるけど、いったい酵素って何だろうと思っている方も多いでしょう。

そこで、まずかんたんに酵素の役割を説明していきます。

私たちの生命活動に欠かせない酵素には、人の細胞からつくられるものと腸内細菌がつくるものとがあります。この「腸内細菌がつくる酵素」について紹介する前に、私たちの「細胞からつくられる酵素」についてお話ししましょう。

私たちは、頭や手足、胴体などはもちろん、心臓や肺、胃や腸などのたくさんの組織や臓器が組み合わさって生きています。そして、こうした体の中の組織や臓器はすべて「細胞」というとても小さな部屋がたくさん集まってつくられています。

その数はなんと60兆個。

体が大きな人も小さな人も、最初は受精卵というたった1個の細胞しかありませんでした。この細胞が分裂し、どんどんとコピーをつくり続けた集合体が私たちです。つまり、手も足も、頭も心臓も、すべての細胞はひとつの細胞のコピーなのです。

しかし、ひとくちに細胞といっても、その働きは場所によってまったく違います。一例を挙げてみましょう。

心臓……「心筋細胞」の働きによって、血液を体中にめぐらせています。

全身の筋肉……筋肉のもとになる「筋芽細胞」がおたがいにくっついて「筋管細胞」となり、これが集まって筋線維をつくっています。

腸……「腸上皮細胞」が、食べ物の吸収や有害物質の侵入の防御などを担っています。

私たちの体には60兆個ものコピーされた細胞がありますが、体の場所ごとに細胞の中で何がつくられるかが決まっているため、違う働きをすることができるのです。この細胞の働きを決めているのがDNAと呼ばれる体全体の設計図であり、DNAの中にある遺伝子（人だと約2万2000個）からつくられるのが「酵素」なのです。

酵素は、成分的にはたんぱく質の一種ですが、私たちの命に欠かせない重要な役割を担っています。

酵素なくして生命活動は保てない

私たちの命は、体内で起こるさまざまな化学反応のお蔭で保たれています。「消化」「吸収」といった体を維持するための活動はもちろん、「見る」「聞く」「歩く」「座る」といった行動・思考や神経の働きなどは、すべて化学反応を起こすことで行われています。こうした化学反応を仲介する道具のような役割をしているのが、実は酵素なのです。細胞と同じように、筋肉には筋肉の、腸には腸の、肝臓には肝臓の、膵臓には膵臓の働きに合わせた酵素が存在していて、その数は数千種類とも数万種類ともいわれています。

この膨大な数の酵素を大きくふたつのグループに分けると、ひとつが食べ物の消化・吸収を助ける「消化酵素」、もうひとつが体の正常な働きを保つための「代謝酵素」です。

「消化酵素」には、唾液に含まれる炭水化物分解酵素や、胃液に含まれるたんぱく質分解酵素などがあり、体の中のさまざまな消化器官で、栄養素ごとに適した消化酵素が働いています。私たちが口にしている食べ物は、消化酵素によって体内に吸収できる大きさにまで分解された後で、はじめてエネルギーや体の材料として利用することができるのです。

続いて、「代謝酵素」です。消化酵素によって分解され、腸から吸収された栄養素のうち、ブドウ糖（炭水化物）とアミノ酸（たんぱく質）は、毛細血管を通じて肝臓を経由し、全身の細胞に運ばれます。脂肪はグリセリンや脂肪酸などに分解され、リンパ管を経由して全身の細胞に運ばれます。

吸収された栄養素は各所で有効に使われますが、有効に使うための働きを仲介しているのが代謝酵素です。アミノ酸から筋肉、骨、皮膚、髪、爪、免疫にかかわるたんぱく質を新たに体の中で合成したり、ブドウ糖からエネルギーをつくったりするのを助けるのが、代謝酵素の役目です。アルコールを飲んだときの解毒やホルモンの合成にも、代謝酵素が働いています。脳の機能を正しく保つことや、神経の円滑な情報伝達にも、代謝酵素は欠かせません。

かんたんに「細胞からつくられる酵素」の役割を説明しましたが、私たちの生命活動を保つのには、酵素が欠かせないことがおわかりいただけたかと思います。あとでくわしく述べますが、外見や精神的なものにも、酵素が大きくかかわっています。

ただ、先ほども触れたように、私たちの体の細胞がつくり出す酵素よりも、腸内細菌がつくる酵素のほうが、はるかに数が多いのです。具体的には、150倍の酵素が腸内細菌によってつくられています。これが腸内環境を整えることの重要性につながってくるのです。それでは、順を追って腸内細菌や腸内細菌がつくる酵素についてお話ししていきましょう。

1000兆個以上もいる腸内細菌

「私たちはひとりで生きているわけではない」

そう聞くと、「家族も友達もいるし、ひとりじゃないなんて当たり前だ」と思われるでしょう。もちろん孤独を感じることはあるかもしれませんが、基本的に、私たちは社会の中で人間関係を築き、おたがいが理解・協力し合って生活しています。

でも、もし家族や友達とも離ればなれになって、本当にひとりぼっちになったとしても、あなたはひとりで生きているわけではないのです。なぜなら、あなたはたくさんの微生物と一緒に存在しているからです。

私たちの腸の中には、1000種類1000兆個以上ともいわれる微生物が住んでいます。人の体が60兆個の細胞でできていることを考えると、大変な数の微生物です。

この腸の中に住んでいる微生物は、「腸内細菌」と呼ばれています（腸内細菌は集団で存在しているので、正確には集合体の意味を持つ「叢《そう》」という言葉をつけて「腸内細菌叢」と呼ばれています。本書ではわかりやすく腸内細菌と記載しています）。この腸内細菌の重量はひとりあたり1～1・5kg、体積にすると500mLのペットボトル1・5本分に相当します。


私たちが排泄する便は、食事の残りかすという印象がありますが、実際はそれだけではありません。割合としては、水分が約60％で食事の残りかすはたった5％程度。残りの約35％は、腸の古くなった細胞と、腸内細菌およびその死骸なのです。

腸内細菌が住んでいる腸の主な働きは、食べたものを分解して栄養素を吸収し、いらないものを体の外に排出することです。先ほど消化酵素の話をしましたが、人の消化酵素では、たとえば野菜などに多く含まれる植物性の多糖類の多くを分解できません。そのほか、女性ホルモンに似た働きをし、美容効果があるとして注目を集めている大豆イソフラボンや、日本の食卓に欠かせない海藻類も、実は人の酵素だけではうまく分解できません。

こうした人間だけの力では分解できない食材から栄養素を取り出しているのが、腸内細菌のつくり出す酵素「腸内酵素」なのです。

腸内酵素は人の酵素の150倍

私たちの腸に住んでいる1000種類1000兆個を超える腸内細菌は、それぞれが生きていくために必要とする栄養素があります。この栄養素を、腸内細菌は私たちが食べている食事から「エサ」として得ています。

食事から得られるたんぱく質やビタミン、ミネラル、糖質などを利用して、腸内細菌はたくさんの酵素をつくっているのです。そして、この腸内酵素の力で、私たちの健康は保たれているといっていいでしょう。

実は、腸内細菌についてくわしいことがわかってきたのは、ここ数年の話です。それまでは腸内細菌が腸に住んでいることはわかっていましたが、その働きや細かな種類まではわからなかったのです。

その理由は、ほとんどの腸内細菌が酸素のない環境でしか生きられないからです。特に小腸とは違って大腸にはほぼ酸素が存在しないので、大腸に住む微生物は、外に出して増やそうにも酸素に触れた瞬間に死んでしまって、正体がわからないままだったのです。

しかし、腸内細菌の解析技術がここ数年で飛躍的に進化し、腸内細菌を生きたまま増やさなくても、そのＤＮＡを解析することで種類や働きをつかむことができるようになってきました。私たちの体の中でつくられる酵素が、ＤＮＡの中の遺伝子を設計図にしてつくられるように、腸内細菌がつくる「腸内酵素」も、腸内細菌の中にある遺伝子を設計図にしてつくられているのです。そして２０１０年には、最新のＤＮＡ解析の研究手法を使って、腸内細菌全体の遺伝子の数を比較する研究データが発表されました。

その結果、私たち人間のＤＮＡに含まれる遺伝子の数約2万２０００個に対して、無数の腸内細菌のＤＮＡに含まれる遺伝子の総数は、約３３０万個であることがわかったのです。酵素はＤＮＡにある遺伝子を設計図としてつくられるので、腸内細菌がつくり出す酵素の数は人間の約１５０倍にも上るというわけです。

腸内酵素は「隠れた臓器」

先ほど述べたように、人の細胞には、果物や野菜に含まれる多糖類を分解する酵素の遺伝子がほとんどありません。ですから、本来私たちは果物や野菜の栄養素をうまく吸収できないのです。

それなのになぜ果物や野菜の栄養素を吸収できるかというと、腸内細菌の酵素が代わりに分解しているからです。たとえば、腸内細菌の一種であるバクテロイデス・テタイオタオミクロンには、植物の糖質を分解する酵素の遺伝子が260種類以上も存在していることが、ワシントン大学の研究チームによって明らかにされました。

これまでも、腸内細菌は肝臓に次いで多くの酵素反応をする「隠れた臓器」であるといわれてきました。肝臓は解毒や合成、排出などにかかわる多くの種類の酵素をつくって体をささえている重要な臓器です。腸内細菌の遺伝子の数が人間の150倍もあったという発見は、肝臓よりもさらに多くの酵素が腸内細菌によってつくられていたという発見でもあります。つまり、腸内細菌を元気にすることが、体の酵素力アップ＝健康や若々しさや美しさを保つことにつながるのです。

育菌のための「4つの習慣」

では、具体的に腸内細菌を元気にする食事や生活とはどのようなものなのでしょうか。

それは育菌のための「4つの習慣」を生活に取り入れることです（くわしい説明は第5章

で行います）。どれもちょっと意識を変えるだけで実現できるものばかりです。かんたんなこれらを守ることで、腸内環境のバランスが整い、病気知らずの豊かな人生を送ることができるようになるといったらみなさんは驚かれるかもしれません。その「４つの習慣」は次のとおりです。

【1】和食を選ぶ

腸内細菌のパターンは、世界の地域ごとにそのタイプが異なります。

たとえば、日本人には海藻類を分解する酵素を持っている腸内細菌（バクテロイデス・プレビウス）が定着しているので、海藻の栄養素を効果的に吸収できます。逆に、牛乳の乳糖を分解する酵素を持っている日本人は少ないため（乳糖不耐性）、牛乳の栄養素をうまく吸収することができません。

日本人の腸内細菌パターンに合った、和食を中心とした食生活がおすすめです。また、和食にはバランスよく自然の食材が含まれているため、腸内細菌にさまざまなエサを届けることにつながります。

【2】発酵食品を食べる

伝統的な手法でつくられている発酵食品（納豆、味噌、ぬか漬けなど）は、栄養素が豊富なだけでなく微生物多様性が大きいため、乳酸菌などの多様な菌を取り込むことができます。多様な菌を取り込んでいる人のほうが免疫のバランスがよく、有病率が低い傾向にあります（55ページ参照）。ただし、大量生産しているタイプの商品は、特定の菌しか使っていないため効果が低くなります。

【3】良質な油脂を取り入れる

油脂（油）と聞くと「太りそう」「体に悪そう」と思われがちですが、良質な油脂は細胞やホルモンの材料であると同時に、良好な腸内環境づくりにつながります。

現代人は、揚げ物や加工食品などに多く含まれる、体に炎症を起こすタイプの油脂の過剰摂取で、腸内環境バランスを崩している人が少なくありません。揚げ物や加工食品は控えて、オリーブオイルや亜麻仁油、ココナッツオイル、青魚に含まれるＤＨＡ（ドコサヘキサエン酸）やＥＰＡ（エイコサペンタエン酸）といった、不足しがちな良質な油脂の摂取を心がけましょう。

【4】抗菌・滅菌しすぎない

過剰な衛生管理は、多様な菌に触れる機会を少なくしてしまいます。経済発展と腸の病気のリスクは比例しているので、衛生的すぎる環境には要注意。もちろん食中毒菌などの病原性菌には十分注意する必要がありますが、自然環境や日常生活の中で多様な菌に触れる機会があるかどうかが、55ページ図表4のようにアレルギーなどにも明らかに関係しています。

そのほかにも、便秘にならないことや質のよい睡眠、適度な運動、水分摂取などのポイントはありますが、大きくはこの4つを守るだけで、腸内環境は改善されていきます。また、これらを念頭に置いて、次章以降を読んでいただければ、これまで見向きもしなかったお腹の中の微生物たちに、感謝の気持ちが生まれてくるはずです。豊かな人生をともに歩むパートナーとして、腸内細菌を育てていきましょう。

第2章　がんなどの病気も腸内環境の悪化が引き金だった

悪玉菌の毒性が多くの病気の原因

前章で述べたように、腸内酵素と健康には密接な関係があります。この章では、腸内酵素をきちんと働かせるために大切な腸内環境（腸内細菌のバランス）についてお話ししていきますが、まず知っていただきたいのが「善玉菌」と「悪玉菌」です。みなさんも善玉菌、悪玉菌という言葉は聞いたことがあると思います。

これはある意味、人間本位の呼称なのですが、

・体によい影響を与える酵素をつくる腸内細菌は善玉菌
・悪い影響を与える酵素をつくるなら悪玉菌

と呼ばれます。ちなみに、悪玉菌が悪い影響を与えるのなら、なぜ体は排除しないのかと思われた方もいるでしょう。体が悪玉菌を排除しないのにもわけがあって、コレラ菌やサルモネラ菌など強力な菌がきたときには、悪玉菌が攻撃してくれるからです。悪玉菌は、いざというときの保険のような役割を果たしていると考えていいでしょう。

このほかにも日和見菌《ひよりみ》と呼ばれるグループがいて、ふだんは悪玉菌でない菌たちなのですが、悪玉菌が活発になると一緒になって悪さをし始めます。

割合としては、善玉菌と悪玉菌が合わせて30％、残りの70％が日和見菌です。健康な人の腸内バランスは、善玉菌が20％、悪玉菌が10％となっています。

腸内バランスが崩れて善玉菌より悪玉菌が優勢になると、悪玉菌の持つ酵素によって、硫化水素、アンモニア、インドール、アミンなど、さまざまな毒素やガスが腸内でつくられてしまいます。そして、これらの持つ毒性が、多くの病気の引き金になっていることがわかってきました。がん、動脈硬化、糖尿病、腎不全、心筋梗塞、脳血管障害、神経障害、アレルギーなど、かかわりが深い病気を挙げていけばキリがありません。

健康を維持するためには、善玉菌と悪玉菌のバランスを整えて、日和見菌に悪さをさせないことが大切なのです。

「便秘」が悪玉菌を増やす温床

悪玉菌を増やしてしまう大きな原因のひとつに、「便秘」をはじめとする腸内環境の悪化があります。図表1の調査では、ビフィズス菌のパーセンテージが健常時と比較して便秘の場合半分以下になっています。便秘が続き腸に便が溜まっていると、腸内が悪玉菌の増えやすいアルカリ性になってしまうからです。悪玉菌が多いとどのように健康を損なっていくのか、メカニズムを一緒に見ていきましょう。

私たちは、日常生活の中でも、とても多くの毒素に触れています。薬（体にとっては異物であり、すべての薬にはよい効能だけでなく副作用の可能性があります）、食品添加物、農薬、アルコール、タバコなどの毒素を、私たちの体は日々解毒しているのです。

大きな役割を果たしているのは肝臓で、たくさんの解毒酵素を使って解毒を行っています。毒素は肝臓の中で酵素の働きによって解毒され、そのときに生まれた老廃物は、腸に送り込まれて便とともに排出されます。

このとき、便秘などで腸内環境が悪化していると、腸内で腐敗が起こり、悪玉菌の酵素によって新たな毒素が発生してしまいます。こうなると、肝臓は新たな毒素の解毒に追われて機能が低下し、脂肪の分解や吸収が滞ることで、目に見えるかたちでは肌荒れなどが起こり始めます。

この状態がさらに悪化すると、血管を通して毒素が全身をめぐり、先に挙げたような病気を引き起こす原因になるのです。

図表1　便秘傾向にある人の腸ではビフィズス菌が減少

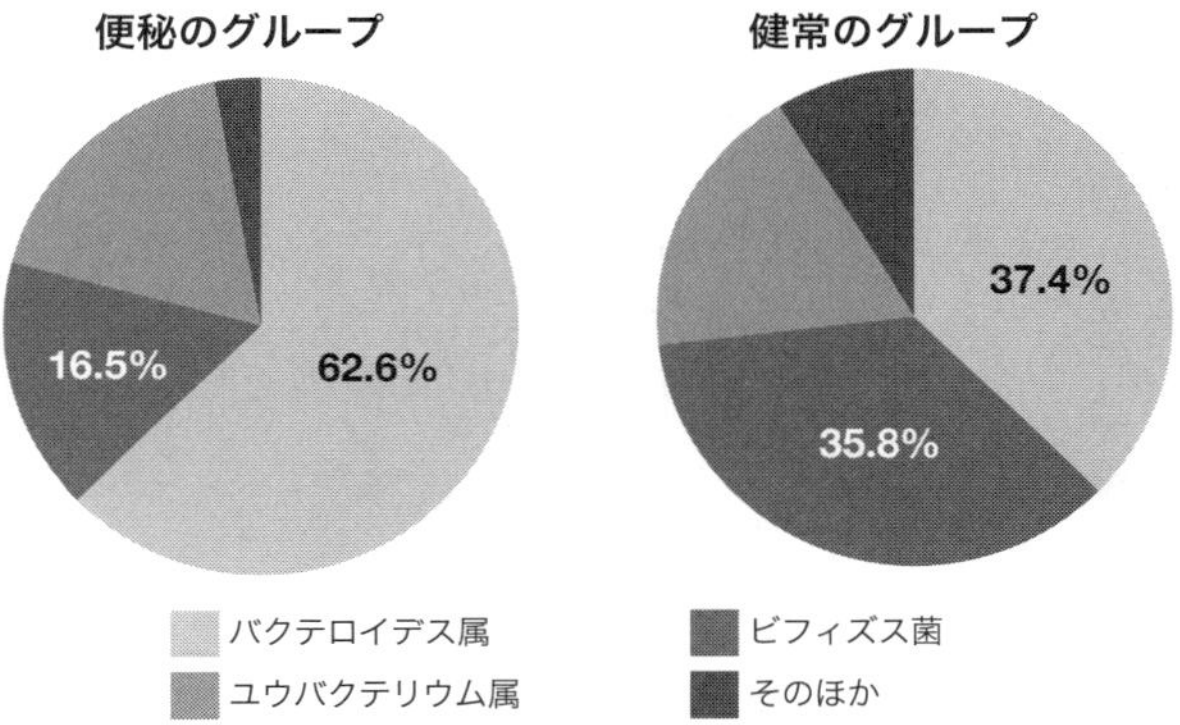

出典：A Pilot Study of the Relationship between Bowel Habits and Sleep Health by Actigraphy Measurement and Fecal Flora Analysis. Ono, S. et al., *J Physiol Anthropol,* 27: 145-151, 2008

なぜ腸内環境が悪化するのか

「はじめに」でも述べたとおり、近年、大腸がんを中心に急激に増えている日本人の腸の疾患は、大腸ポリープ、潰瘍性大腸炎、クローン病、過敏性腸症候群などです。一方、小腸では病気が起こりにくいとされています。その理由は、大腸と小腸を比べると、腸内細菌の数が圧倒的に大腸に集中しているからです。

この数の違いは、腸内細菌が酸素のある環境を苦手としていることが要因です。ほとんどの腸内細菌は、酸素があると生きていくことができません。ほぼ酸素がない状態の大腸には、小腸よりも多くの腸内細菌が集まっていますが、その分、悪玉菌もたくさんいます。腸内バランスが崩れて悪玉菌が活発に働くと、当然、さまざまな病気が大腸で起こるというわけです。大腸の疾患の急増は、現代人の腸内環境の悪化を示していることにほかなりません。

それでは、悪玉菌の酵素によって発生する大腸の病気について見ていきましょう。

【大腸がん】

大腸がんによる死亡者数は、ここ24年で2・1倍になっています。女性では年間約2万2000人の方が大腸がんによって亡くなり、がんの死亡要因の第1位になっています。男性は第3位で約2万6000人に上ります。

2009年に医学専門誌に発表されたデータによれば、腸内細菌のうち悪玉のバクテロイデス・フラジリスが酵素によって毒素成分をつくり出し、大腸炎を誘発して大腸ポリープをがん化していることが示されています。

【炎症性腸疾患（潰瘍性大腸炎とクローン病）】

潰瘍性大腸炎とクローン病を合わせて、炎症性腸疾患と呼んでいます。

どちらも腸の免疫バランスが崩れることで、自ら腸の細胞を傷つけてしまう自己免疫疾患の一種です。まれな病気ではありますが年々増加傾向にあり、2012年度から2013年度のわずか1年間で、潰瘍性大腸炎患者は約14万4000人から15万5000人に、クローン病患者は約3万6000人から3万8000人に増加しています（特定疾患医療受給者証交付数より）。

発症原因は完全には解明されていませんが、腸内細菌の悪玉菌の酵素との関連が指摘されています。具体的には、悪玉菌の酵素によって過剰につくり出されたATPという物質が、免疫細胞を刺激して炎症を誘発する物質をつくっていることが報告されています。また、悪玉菌が炎症性の免疫細胞を刺激して、慢性的に腸に炎症を起こさせていることも指摘されています（くわしくは89〜90ページを参照。免疫細胞の中には、炎症性と抗炎症性の2種類がありますが、この2種類の細胞は双方のバランスで成り立っていますが、悪玉菌などの影響で炎症性の免疫細胞が優勢のままでいると、炎症が慢性化してしまいます）。

【過敏性腸症候群（IBS）】

過敏性腸症候群（IBS）は、時間や仕事に追われることの多い現代のストレス社会で急増している腸の病気です。下痢や便秘などの便通異常をともなうお腹の不快感が、慢性的にくり返されます。男女の約10％が過敏性腸症候群ともいわれ、10～30代で有病率が高いことがわかっています。電車の中や会社などで急にお腹が痛くなることがよくある方は、この病気を疑ってみたほうがいいでしょう。

過敏性腸症候群は交感神経や副交感神経の乱れが要因のひとつです。こうした神経は体全体や腸の動きのリズムを調整しています。しかし、悪玉菌が増えてしまった腸では、腸にたくさんある腸管神経系に乱れが生じます。こうした乱れが中枢神経系を通じて脳に伝わり、ストレスやホルモンの変化に対して敏感に反応するようになってしまいます。つまり、ストレスによって悪玉菌が優勢になり、悪玉菌による交感神経や副交感神経の乱れがさらにストレスに敏感な体質をつくっていくのです。

これを改善するには、腸内環境バランスを整えるとともに、できるだけストレスを減らすことも意識する必要があります。

大腸の病気の一例だけでこれだけありますが、先に述べたように、腸内環境の悪化は体全体の疾患に関係しています。もう少しほかの疾患についても見ていきましょう。

腸には70％の免疫細胞がある

実は、私たちの体の免疫細胞のうち、70％が腸に集中しているため、腸内環境の悪化は、毒素の増加だけでなく免疫力の低下にもつながります。しかし、なぜこんなにたくさんの免疫細胞が腸に集まっているのでしょうか。

その理由は、腸が体の内側と外側との境目にあり、体の内側への入り口という役割を担っているからです。食べ物は、まず口から体に摂り入れます。また、細菌やウイルスも口や鼻を通じて入ってきます。口や鼻も体の内側への入り口のように見えますが、そうではありません。食べ物は、食道や胃を通り、腸に到達して初めて体の内側に吸収されます。家にたとえると、口は門、腸は玄関のような関係です。

玄関という重要な役割を果たすため、腸は多くの免疫細胞を集めて防御網を張っています。摂り入れたものが体にとって無害かどうかを判断しているのも免疫細胞ですし、悪い成分やウイルスなどが入ってこないように見張って退治しているのも免疫細胞です。1000兆個の腸内細菌が体から排除されずに暮らしていられるのも、免疫細胞が、微生物はアミノ酸やビタミンをつくって体に届けてくれるので「無害」と判断しているからなのです。

がんになる、ならないも腸次第

日本人は3人に1人ががんで亡くなっているといわれていますが、細胞のがん化を防ぐメカニズムにも、免疫細胞が大きく関係しています。

驚かれるかもしれませんが、私たちの体の中では、毎日5000個以上の「がんの予備細胞」が生まれています。悪玉菌によってつくられた毒素や発がん性物質、放射線被ばくなどによって細胞のDNAが傷つけられると、その細胞が、がんの予備細胞となってしまうのです。

損傷した細胞の99・9%以上は、体の修復機能によって正常な細胞に戻ります。ところが、損傷がひどい場合や修復に必要な栄養素が足りない場合は、うまく修復ができません。修復に失敗した細胞の一部は細胞自身が自殺すること（アポトーシスと呼ばれます）で死細胞となり、貪食細胞と呼ばれる免疫細胞が死細胞を食べてしまうことで、新しく生まれた細胞と入れ替わります（図表2の①②参照）。

細胞のがん化とは、DNAの損傷などによって生まれた異常細胞が、自殺もできずに増殖していく状態のことを指します。貪食細胞も死細胞にならないと異常細胞を食べてはくれま

図表2　がんにならないための体の防御機構

細胞が傷ついた場合も、何段階もの防御機能が働いて
細胞ががん化しない仕組みになっています。

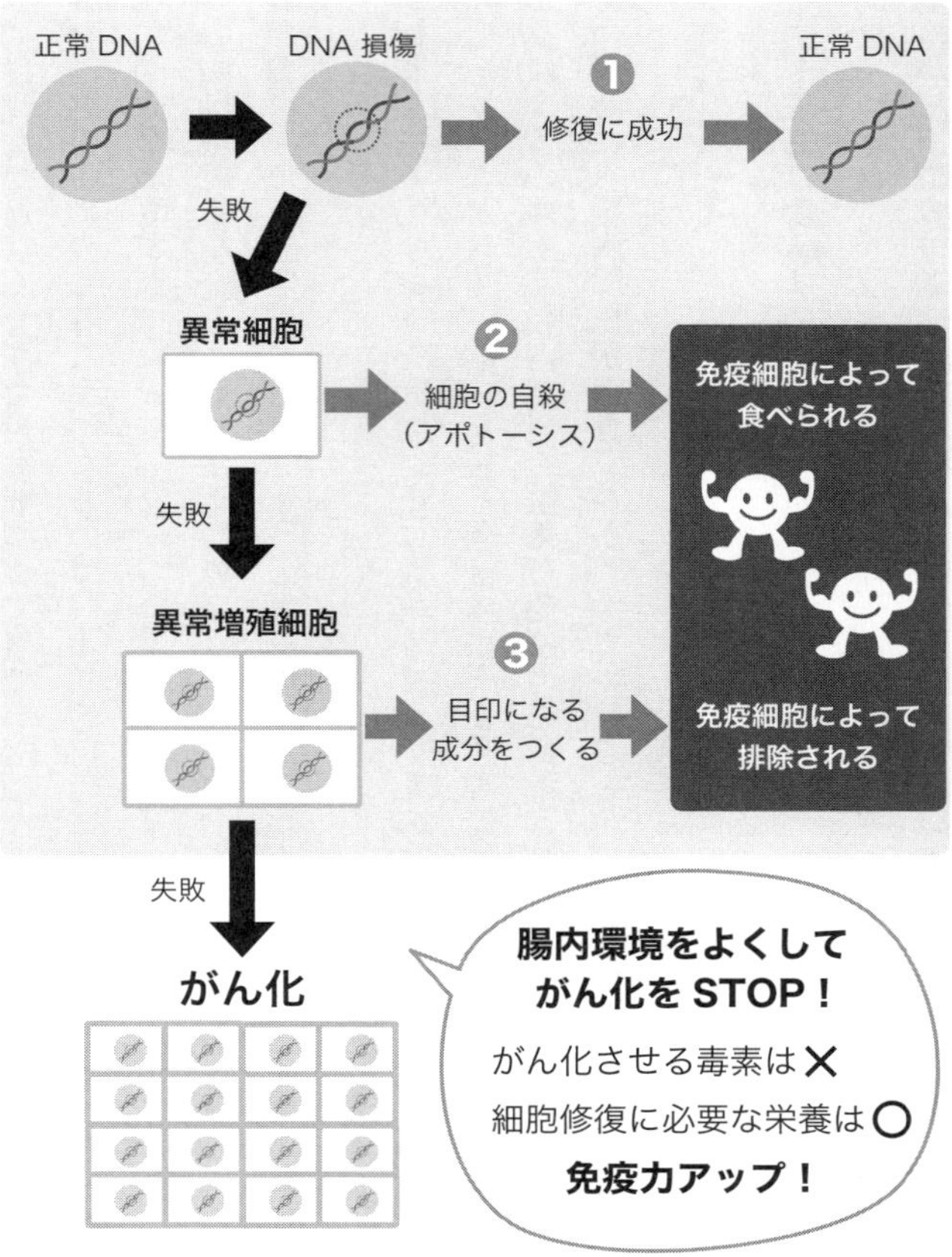

せん。しかし、自殺ができなくなった異常細胞がすべてがんにならないのは、ふつうはつくられない成分を細胞の中につくるようになるので、これを目印に免疫細胞が排除してくれるからなのです（図表2の③参照）。

主なふたつの防御機能を紹介しましたが、このように、何段階もの防御機能が私たちの体には用意されており、それを突破されてしまうと、細胞のがん化が進行していくことになります。

がんの予備細胞を生み出す毒素を必要以上に発生させないためにも、細胞修復に必要な栄養素をうまく吸収するためにも、腸内環境を整えることが重要です。また、予備細胞をがん化させないようにするのにも、腸内環境を整えて免疫力を低下させないことが大切になってきます。がんの予防にも腸内環境が大きくかかわっていることが、おわかりいただけたかと思います。

腸にも効くがん予防の食品リスト

がんの予防については、アメリカの国立がん研究所が、「デザイナー・フーズ」と呼ばれる40種類以上のがん予防の可能性のある食品リストを発表しています。

次のランクの数値が少ないほど、予防効果が高いと予測されている食品になります。食物繊維が豊富なものなど、腸にプラスの作用があるものも多いので参考にしてみてください（添加物の少ない自然食や、発酵食品として摂り入れることも忘れずに）。

【ランク1】
にんにく、キャベツ、大豆、しょうが、にんじん、セロリ

【ランク2】
玉ねぎ、茶、オレンジ、レモン、グレープフルーツ、全粒小麦、玄米、トマト、なす、ピーマン、ブロッコリー、カリフラワー、芽キャベツ

【ランク3】
マスクメロン、バジル、からす麦、ミント、オレガノ、きゅうり、あさつき、じゃが芋、大麦、ベリー

りつつあります。

アトピーや喘息が少ない生育環境

「アトピーや花粉症の発症は先進国に多く、衛生的になりすぎたことに原因がある」

このような考え方は「衛生仮説」と呼ばれますが、研究者のあいだでは定説になりつつあります。

実際、アレルギーは文明病ともいわれ、先進国で発症する人が増え続けています。たとえば、アレルギーがもとで喘息になる日本の小学生は、１９８０年代は１％程度でしたが、今では約４％と４倍に増加しています。

そもそも、アレルギーとは何なのでしょうか。本当は害のないものを私たちの体が敵と判断し、必要以上に攻撃し続けること（過剰防衛）が、アレルギーの基本的な仕組みです。

花粉症で鼻水や涙がたくさん出るのも、過剰防衛の症状です。ひとことでアレルギーといっても多くの種類がありますが、花粉症や喘息は異物が体に入り込むとすぐに反応が起こるため、「即時型アレルギー」と呼ばれています。

免疫細胞の70％が腸に集中していることは先ほどお伝えしました。実は、この免疫細胞にもバランスが存在し、バランスが悪い状態だとアレルギーが起こりやすくなります。

アレルギー発症のきっかけは、ヘルパーT細胞という免疫細胞が深くかかわっています。花粉症などにかかわるヘルパーT細胞には「Th1細胞」と「Th2細胞」のふたつが存在します。

赤ちゃんのときに多いのは「Th2細胞」ですが、その後、微生物にたくさん触れることで腸内細菌の多様化が進み、結果として「Th1細胞」が増えてバランスが整っていくのです（さまざまな腸内細菌の酵素が刺激を与えることで、免疫細胞のバランスが整っていきます）。でも、後述しますが衛生的になった都市部では、多様な微生物に触れる機会が少なくなっています。

アレルギー発症時には「Th2細胞」が過剰になっていることが知られていて、そのため図表3のようにTh2細胞によって刺激されたリンパ球（B細胞）から抗体が過剰生産され、くしゃみや鼻づまりを起こす化学物質が放出されてしまうのです。先進国にアレルギーになる人が多いのは、腸内細菌の多様化がうまく進まないため、免疫細胞のバランスが整いづらいからなのです。

免疫バランスを整える食品がある

腸内細菌の多様化とアレルギーの関係について、はっきりとその差が表れた研究データがあるので、ご紹介しましょう。

この研究では、ドイツやオーストリア、スイスの子どもを対象として、「農場に住む子ども」と「農場ではない地域に住む子ども」の喘息、アトピーの有病率の比較が行われました。

図表4のグラフを見てもらうと一目瞭然ですが、農場で育った子どもは、通常よりも多くの種類の微生物が住んでいる環境で育っているため、喘息やアトピーの有病率が明らかに低いことが報告されています。言い換えれば、日常生活で多くの微生物を体内に取り入れられる環境にあり、腸内で微生物の多様性（つまりは腸内酵素の多様性）が保たれている子どもは、免疫細胞のバランスがよく、アレルギーになりにくいということです。

住環境というと利便性ばかりに目がいきがちですが、豊かな自然が近くにあるほうが、腸にとってはプラスに働きます。こういったことを知ると、住む場所に対する考え方も、少し変わってくるのではないでしょうか。

図表3　花粉症のメカニズム

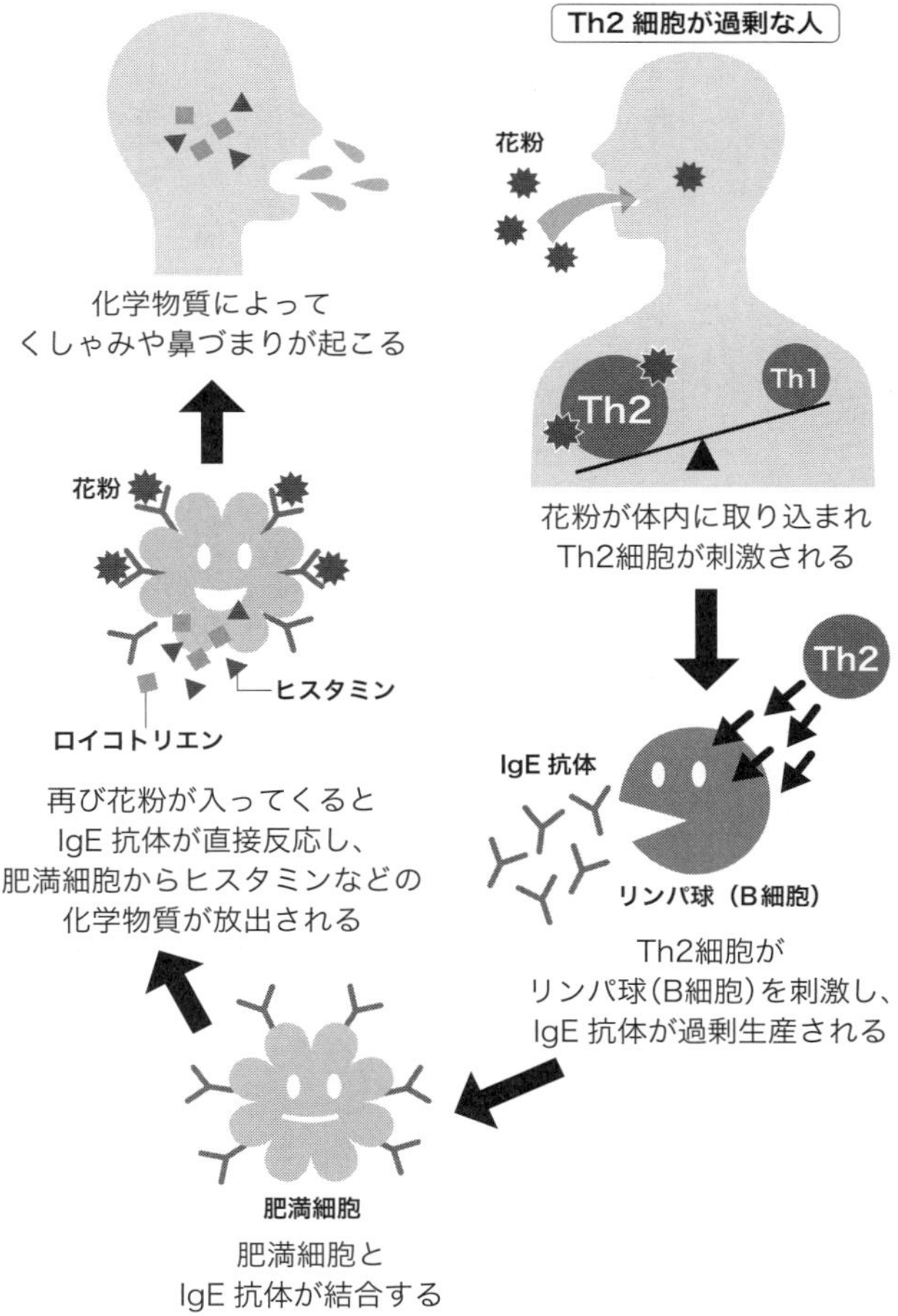
Th2 細胞が過剰な人
花粉
Th2
Th1
花粉が体内に取り込まれ
Th2細胞が刺激される
Th2
IgE 抗体
リンパ球（B細胞）
Th2細胞が
リンパ球（B細胞）を刺激し、
IgE 抗体が過剰生産される
肥満細胞
肥満細胞と
IgE 抗体が結合する
花粉
ヒスタミン
ロイコトリエン
再び花粉が入ってくると
IgE 抗体が直接反応し、
肥満細胞からヒスタミンなどの
化学物質が放出される
化学物質によって
くしゃみや鼻づまりが起こる

もちろん、都市部に住んでいても、免疫細胞の偏りを防ぐ方法はあります。おすすめは乳酸菌発酵食品を食べること。乳酸菌発酵食品には、微生物はもちろん、腸内細菌のエサとなって善玉菌を増やしてくれる成分も多く含まれているため、腸内環境のバランスと、「Th1細胞」と「Th2細胞」のバランスを整える効果が期待できます。

菌の取り入れ方や発酵食品については第6章でもくわしく紹介していますが、生活環境から微生物を取り入れにくい都市部こそ、食べ物で定期的に微生物を取り入れていくことが大切なのです。

プチ不調も食物アレルギーから!?

花粉症やアトピー、喘息の話をしましたが、近年、子どもに増えてきているのが食物アレルギーです。主な原因食物は鶏卵・牛乳・小麦で、昔は大豆が多かったのですが、食生活の変化にともなって小麦と入れ替わりました。

小麦のアレルギーが増えている原因として、パン食の増加があります。ファストフードや菓子パンなどで、かんたんに食事を済ませる傾向が強まったことが指摘されています。海外では「セリアック病」という小麦による腸のアレルギーが広く知られていますし、小麦アレ

図表４　育った環境での喘息とアトピーの有病率の差

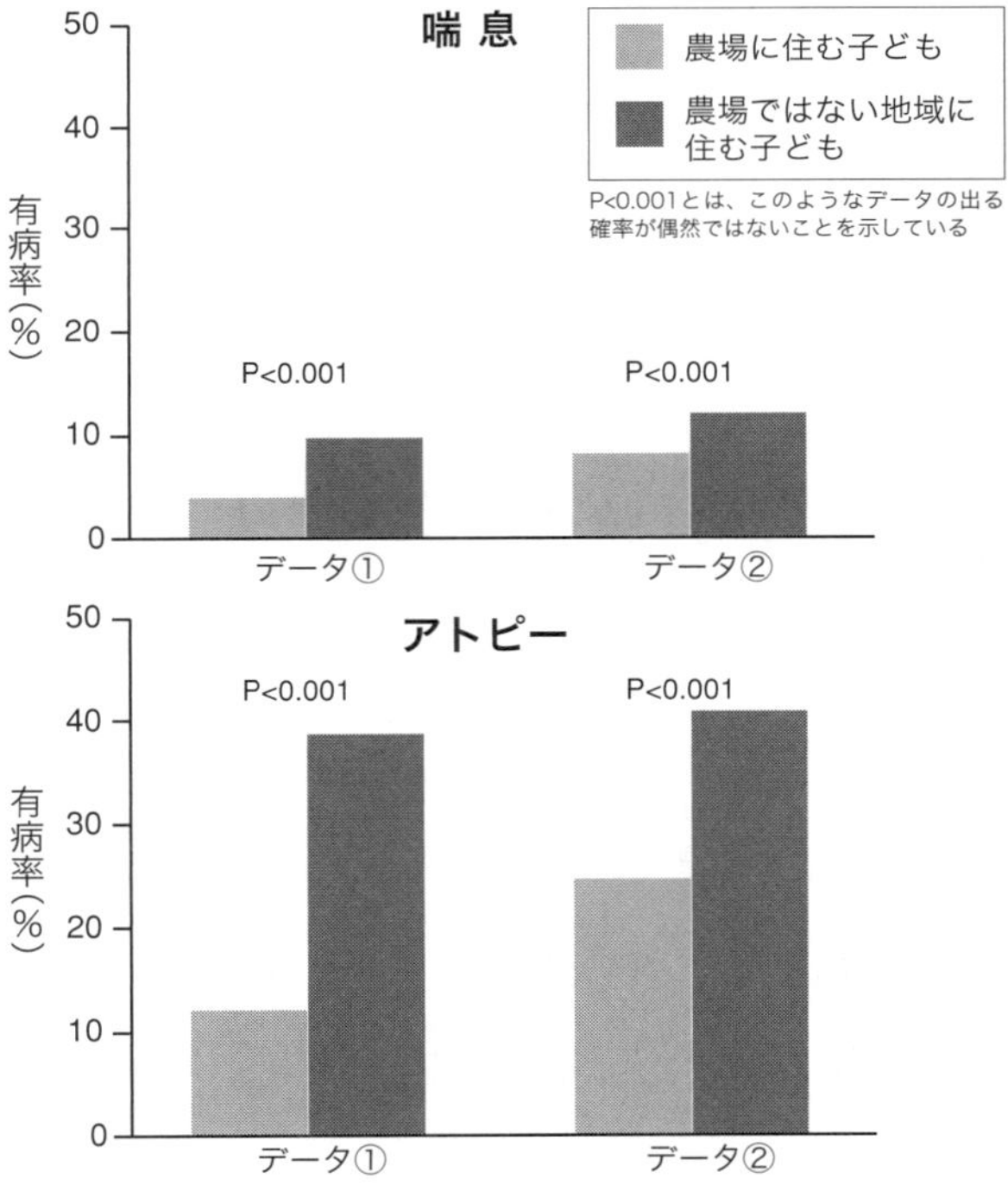

＊研究に用いられたのは２つの地域のデータで、それぞれの地域の農場で暮らす子どもとそれ以外の子どもの、喘息とアトピーの有病率を調べています。データ①はドイツ南部のバイエルン地方の６～13歳の児童 6,843人、データ②はオーストリア・ドイツ南部・スイスの６～12歳の児童 9,668人を母集団としており、異なる微生物解析法で比較調査されています。

出典：*N Engl J Med*, 364: 701-9, 2011

都市部の子どもは、乳酸菌発酵食品で防ごう！

ヨーグルトやチーズ、納豆、味噌、醤油
漬物（ぬか漬け・キムチ・ピクルス）など

ルギーの原因であるグルテンを除いた「グルテンフリー」食が人気です（ただし、アレルギーがない方へのグルテンフリー食の健康効果には検証が必要とされています）。

通常は成長にともない消化機能が整ってくるため、食物アレルギーは大人になると減少します。しかし、大人になってからの「なんとなくダルい」「なんとなく調子が悪い」という症状も、実は食物アレルギーなのではないかといわれているのです。

症状は軽いものの、慢性的な頭痛、耳鳴り、疲労感、情緒不安定、うつなどに悩まされていませんか。「プチ不調」という言葉も聞かれるようになりましたが、その原因は食物アレルギーかもしれません。

食物アレルギーにも「即時型」と「非即時型」があります。「即時型」はアレルギーの原因となる食物を口にして1～2時間後に症状が現れます。何を口にしたのが原因かが比較的判断しやすいので、その食品を口にしないなど、対処しやすいタイプのアレルギーです。

一方、数時間から数日後に症状が現れる「非即時型」は、なかなか原因が判断できません。この「非即時型」のアレルギーが、「プチ不調」の正体なのではないかといわれているのです。

健康な腸の場合、食物に含まれるたんぱく質は消化酵素によってペプチドやアミノ酸にまで分解されます。また、未分解のたんぱく質は外に排出されます。そのため、食物アレルギー反応が起こらず、栄養素としてスムーズに体内に吸収されます。

しかし、ストレスや栄養不足、腸内細菌のバランスの乱れによって腸の表面が傷つくと、粘膜によるバリア機能を失い（リーキーガット症候群と呼ばれます）、消化酵素も働かず、食物由来の大きい分子のたんぱく質がそのまま腸を通ってしまいます。こうなると、食物を「異物」と見なした免疫細胞が働き、さらに腸を傷つけてしまう悪循環に陥ります。

重い症状が出なくても、同じ食品ばかりを食べていたり、善玉菌が減少していたりすると、持続的な軽いアレルギー反応が起こります。あなたの「プチ不調」は、この軽いアレルギー反応が原因かもしれません。

傷ついてしまった腸粘膜のバリア機能を回復させるのにも、腸内細菌がかかわっています。腸粘膜は「酪酸《らくさん》」をエネルギー源として増殖しているのですが、この「酪酸」は、腸内細菌である酪酸合成菌の酵素によって生み出されています。この酪酸の材料にはビフィズス菌がつくる「酢酸」が使われており、ビフィズス菌を腸内で増やす食事をすることでビフィズス菌が増えると、それがつくる酢酸を酪酸合成菌が利用して酪酸をつくりバリア機能の修復につながるので、リーキーガット症候群の予防や改善に役立ちます。

また、慢性的なアレルギー状態（炎症状態）を抑えるためには、「抗炎症」効果があるものを摂りましょう。抗炎症作用成分として有名なのが「オメガ3系脂肪酸（油脂）」です。オメガ3系脂肪酸を含むのは、植物性では亜麻仁油やえごま油、動物性では魚類にあるEPAやDHAです。

こうした良質な油脂は食事から摂り入れることはなかなか難しいため、サプリメントで摂り入れることもおすすめです。油脂については92〜97ページに記載しています。

便秘度チェックで腸を正常に戻す

こうした腸内環境の悪化を引き起こしてしまう原因のひとつは「便秘」です。便秘を防ぐことが、私たちがすぐに行える対処法なのです。その便秘ですが、実は明確な定義はありません。医師の診断や学術誌では、仮にですが「3日以上排便がない状態、または毎日排便があっても残便感がある状態」と定義しています。

まずは図表5で便秘度チェックを行い、ご自身の状態を把握してみましょう。当てはまった数が多いほど便秘度は高い傾向にあります。腸内環境の悪化が原因となる病気はまだまだ

図表５　あなたの便秘度をチェックしよう！

□　３～４日に１回しか排便できない

□　下剤を使う頻度が多い

□　手足が冷たいことがよくある

□　冷たい食べ物や飲み物が好き

□　いつも硬い便しか出ない

□　便が出ないと、いつもお腹が張ってしまう

□　運動する機会が少ない

□　座り仕事が中心である

□　１日１～２食である

□　便意が起こってもがまんすることがよくある

□　自然な便意を感じない

□　おならが以前に比べて臭いと感じる

□　食事は肉食が中心で野菜は少ない

□　間食をすることが多い

□　便の色が黒っぽい

□　便の量が少ない

ありますが、ここからは腸内環境のバランスをよくするための方法を紹介していきます。

最初に気をつけていただきたいのが、便秘にならないことです。先述したとおり、便秘になると腸内が悪玉菌の増えやすいアルカリ性になってしまいます。

図表6のグラフにあるように、年齢が上がるにつれて便秘人口は増える傾向にあります。以前はそうでもなかったのに、最近、便秘気味だなと感じる50〜60代の方もいらっしゃるのではないでしょうか。なお、便秘は自覚していない場合も多く、国内では1000万人以上、12人に1人の方が便秘であると予想されます。

便秘の6タイプとその原因

運動量の低下や食物繊維の不足を含む食事内容の偏り、睡眠不足などの不規則な生活が主な便秘の原因です。加えて、高齢になると便を肛門に送る腸の蠕動《ぜんどう》運動が弱くなり、腸のビフィズス菌も減少するため、便秘の悩みを抱える方が増えていくのです。

また、女性は若い年代から便秘率が高くなっていますが、これは食事量を減らすダイエットの流行が大きな要因となっています。

図表6　性別・年代別の1000人あたりの便秘人口（有訴者率）

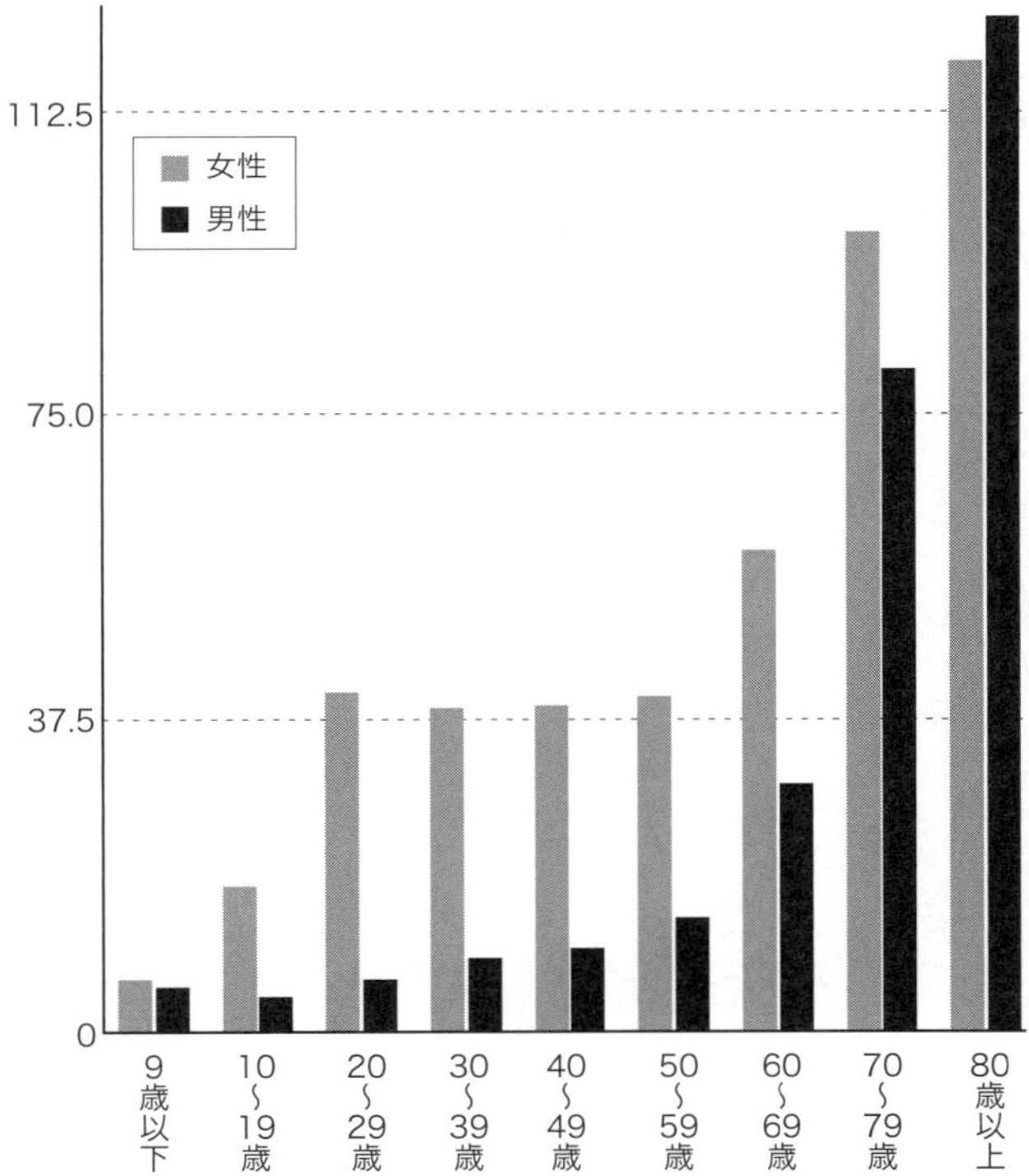

出典：平成22年国民生活基礎調査の概況（厚生労働省HP）より

日本人の12人に1人が便秘
自覚していない便秘の人も！

ひとことで「便秘」といっても、いろいろな種類があります。図表7をご覧いただくとわかるように、大きく分けると、「急性タイプ」と「慢性タイプ」の2タイプに分かれます。

急に便秘になったときは、「一過性単純性便秘」が考えられます。たとえば、ある食品だけを食べる「○○だけダイエット」や、食事の代わりにダイエット食品を食べる「置き換えダイエット」では、食事のバランスが乱れ、便のボリューム自体もなくなり便秘になりやすくなります。

さらに、朝食を抜くのも腸のスイッチが入らないためよくありません。また、女性ホルモンの一種「黄体ホルモン」は大腸の働きを抑制するため、生理前などは便秘になりやすくなります。

ほかにも、精神的なストレスを感じると自律神経が影響を受けるため、大腸のリズムが乱れて便秘になりやすくなります。これら一過性のものは、その原因が除かれるとすぐに治りますが、無理なダイエットやストレスの多い生活を続けていると、危険な慢性タイプへと進行してしまうのです。

たかが便秘と侮っていると、つらい症状が長期におよんでしまったり、大腸だけでなく全身におよぶ病気の原因になってしまいます。

便秘体質を変える「3つの秘訣」

では、便秘を防ぐにはどうしたらいいのでしょうか。3つの対策を習慣化することをおすすめします。

1 蠕動運動を活発にする秘訣

まずは、腸の蠕動運動を活発にしてくれるビフィズス菌を増やすために、食物繊維（海藻やきのこ、野菜に豊富に含まれる）やオリゴ糖（ごぼうやバナナに豊富に含まれる）の摂取を心がけましょう。

食物繊維には、便のかさを増やす効果もあります。さらに、摂取すると短鎖脂肪酸と呼ばれる排便を促す成分が腸内細菌の酵素によってつくり出されるので、便秘予防には特に効果的です。乳酸菌発酵食品を食べて、腸内環境をケアするのもいいでしょう。

図表7 便秘のタイプと症状、その原因

急性タイプ

一過性単純性便秘

食生活や環境の変化、精神的ストレスなどが原因で起こる一時的な便秘。少ない食事量や、お腹を壊したあとは一時的に便秘を起こしやすいのです。水分の摂取量が少ない場合も、便が硬くなって便秘を起こします。

油断して
慢性化すると……

慢性タイプ

結腸性便秘

腸の蠕動運動が弱く、便を押し出す力が十分でないために起こります。高齢者や女性に多く見られるのが特徴です。若い人にも見られ、腸が長く、下に垂れているような体質の方もこの便秘は起こりやすくなります。

慢性タイプ

けいれん性便秘

ストレスで腸がけいれんを起こし、便が出にくくなります。過敏性腸症候群と呼ばれる病気の一種に加えられています。この便秘は腹痛をともない、特に食事の直後に痛むことが多いです。人によっては便秘と下痢をくり返します。

急性タイプ

症候性便秘（急性）

何らかの病気や疾患があって起こる便秘のことで「器質性便秘」ともいいます。この場合は、激しい腹痛や嘔吐をともなうことが多く、腸閉塞や腸捻転が疑われます。その際は、急いで病院を受診することが必要です。

慢性タイプ

直腸性便秘

直腸の神経が鈍くなり、便意を感じにくくなるために起こります。便意があってもトイレに行かず、便意を無視し続けていると、次第に便意自体を感じなくなるので習慣性便秘とも呼ばれます。結腸性便秘とあわせて起こることも。

慢性タイプ

症候性便秘（慢性）

急性のものと同様に、何らかの病気が原因で起こるもので、大腸の病気が原因の場合が多いです。代表的な病気としては、大腸がんや大腸ポリープが挙げられます。大腸にできた腫瘍やポリープのため、便の通りが悪くなるのです。

2　腸の動きをなめらかにする秘訣

オリーブオイルや亜麻仁油などの良質な植物性油脂は、腸の動きをなめらかにするため、排泄がスムーズになります。腸管の働きをよくするマグネシウム（そば、バナナ、ひじき、豆類などに豊富に含まれています）の摂取もおすすめです。

3　睡眠や体操で改善する秘訣

食べ物以外では、腸は寝ているあいだに排便の準備を整えるので、しっかり睡眠をとることも大切です。また、図表8のような排出体操で、腸を刺激して蠕動運動を促すのも効果的です。かんたんなものばかりなので、便秘かもしれないと思う方は、ぜひ試していただけたらと思います。

冷え症で腸内環境がさらに悪化

便秘と同じく、冷え症も腸内環境を悪化させる大きな要因です。

私たちの体の体温は、平均してだいたい37℃弱に保たれています。それよりも体温が高くなると発熱で寝込んでしまいますし、逆に36℃付近になると手足が冷たくなって、動くのが

図表8 便秘を治す！ おすすめの排出体操はこちら！

呼吸法で便秘対策！

腹式呼吸は便秘対策として有効です！ 鼻から大きく息を吸い込んでお腹をしっかりふくらませ体を伸ばし、息を吐きながらゆっくりと体を曲げましょう。

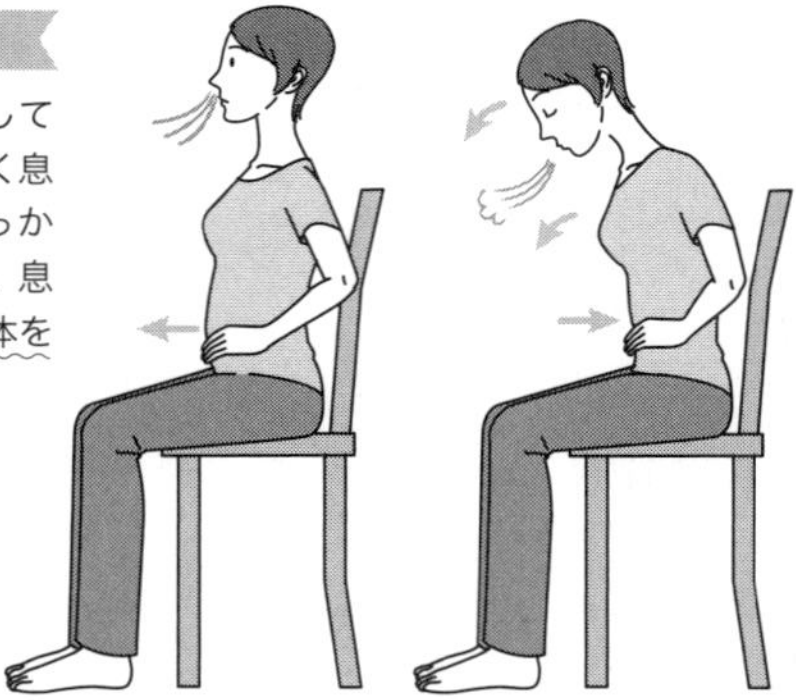

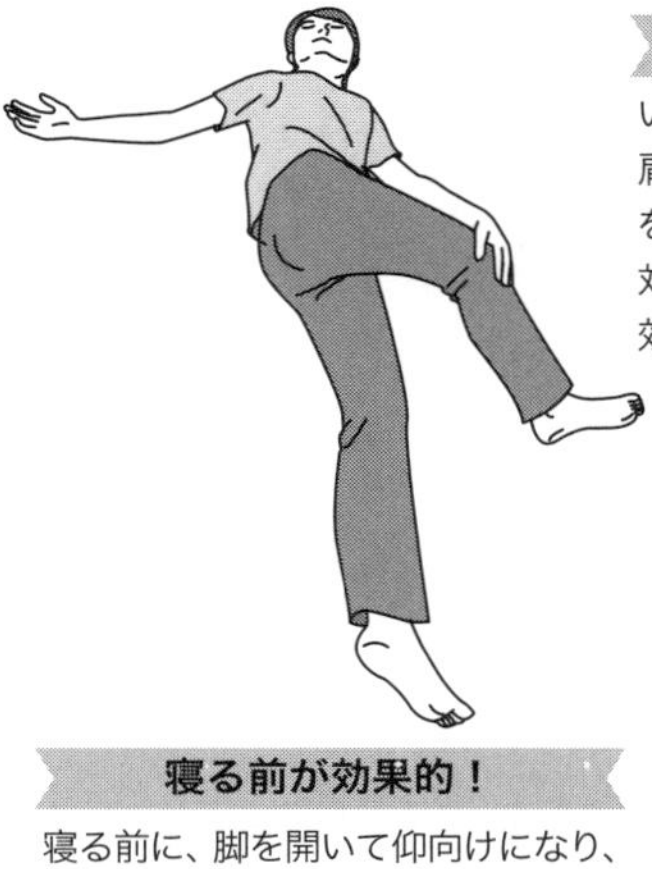

立ったままできる！

いすの背もたれに手を添えて脚を肩幅に開き、肩を入れながら脇腹を開くようにひねります。同様に反対側も行います。立ったままできて効果的です。

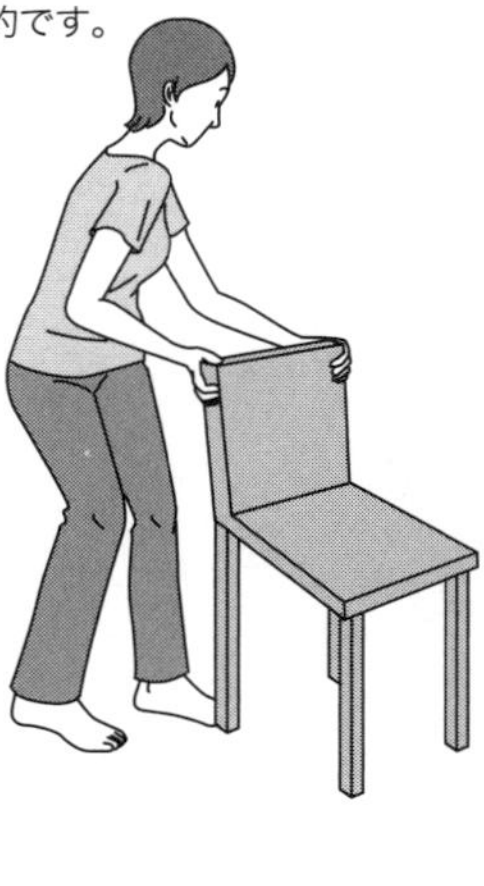

寝る前が効果的！

寝る前に、脚を開いて仰向けになり、片膝を曲げて反対の脇腹のほうへ持ち上げ体をひねります。5秒程度その状態をキープした後、反対の脚も行います。

億劫になってしまいます。

しかし、私たちの体はなぜ37℃弱に保たれているのでしょうか。

私たちの体が37℃弱に保たれている理由は、酵素が無理なく元気に働ける温度だからです。

第1章でお伝えしたとおり、私たちの活動は、主に酵素による化学反応で行われています。基本的に、温度が高いほど酵素による化学反応は活発になります。風邪をひくと熱が出るのは、高熱によって酵素や免疫の活性を高め、風邪のウイルスを退治するためです。ただし、体がつらくなることからもわかるように、緊急発動のように酵素の力を上げているので、疲労もしやすくなります。さらに発熱が進み、42℃を超えるくらいになると、体内で障害が起こり、危険な状態になります。

ふだんの生活の中で適度に酵素の力を維持するためには、37℃弱という体温は、ちょうどよい温度といえるのです。

しかし、冷え症などで37℃弱より体温が低くなると、酵素の働きが悪くなるので、腸の消化・吸収機能が低下します。また、自律神経のバランスが崩れ、腸内の蠕動運動も低下してしまうので、便秘と同じく悪玉菌が増えやすくなります。

冷えを防ぐには、次のような対策をおすすめします。

①朝食をしっかり食べて、体温を上げることが大切です。しょうがなど体を温める食材を食べるのもいいでしょう。半身浴やマッサージなどで、血行をよくするのも効果的です。

②夏場の暑いときのほうが、冷房による冷えに悩まされるという方も少なくありません。上着やひざ掛けを用意するなど、冷房対策を日常的に行うことをおすすめします。

激しい運動が腸をダメにしていた

アスリートの専属ドクターをしている方から、以前、「スポーツ選手には腸が弱い人が多い」とうかがったことがあります。このことはいろいろな研究データとしても報告されていて、たとえば、嘔吐、下痢といった症状が、アスリートには多く見受けられます。

アスリートの腸が弱くなる大きな原因のひとつは、血流の変化だと考えられています。私たちの体には、絶えず血液が循環しています。血液は全身の細胞に栄養分や酸素を運搬し、二酸化炭素や老廃物を運び出す役割を果たすほかにも、ホルモンの運搬、体温調整、水分代謝の調整など、重要な働きを担っています。人間の血液量は体重の約13分の1で、体重60kgの場合は約4・6kgが血液の重さです。

体の恒常性を保つために大切な役割を果たしている血液ですが、トレーニングをしたあとは筋肉や心臓での血液の要求が高まります。そのため、腸に供給される量が減少して、蠕動運動の低下や、免疫力の低下を招いてしまうのです。

血流以外では、ストレスによる炎症を抑えるために分泌されるコルチゾールと呼ばれるホルモン（炎症性の免疫細胞を抑制します）と、腸の関係性も指摘されています。

コルチゾールは、腎臓の隣にある副腎皮質でつくられています。このコルチゾールは日常的なストレスはもちろん、激しい運動の際の身体的・精神的ストレスによっても分泌されます。このコルチゾールが足りなくなると、筋肉を分解してでも代謝を強化してストレスに対抗しようとします。

ふだんは体の状態を定常に保つために必要不可欠な働きをしているコルチゾールですが、激しい運動による強力な身体的・精神的ストレスは、コルチゾールの分泌を正常よりも高めてしまいます。この過剰に分泌されたコルチゾールによって筋肉の分解や免疫細胞の抑制が必要以上に進むと、腸の働きが弱まってしまうのです。アスリートでなくても、スポーツ愛好家の方でお腹の調子が悪いなどの自覚症状がある方は、健康のために頻度や時間を少し抑えたほうがいいかもしれません。

運動したら乳酸菌でケアを

２０１２年の研究で、アスリートに対する乳酸菌の効果が新たに発表されました。オーストリアの研究者が、腸の細胞同士の結合状態に関係のある「ゾヌリン」というたんぱく質に注目したものです。

腸の状態を判定するために、便中のゾヌリンの濃度測定が使われます。もしゾヌリンが通常よりも便中に多く検出されると、腸の細胞の結合が荒れてしまって剥がれていることを表しています。そして、結果として腸から異物が侵入しやすくなります。ゾヌリンの放出には悪玉菌の酵素によってつくられたＬＰＳ（リポポリサッカライド）がかかわっていると考えられています。ＬＰＳが腸の細胞を傷つけてしまうのです。

この研究では、平均年齢38歳の23人の男性アスリートに対して、14週間にわたり数種類の乳酸菌をブレンドしたサプリメントを飲んでもらい、便の中のゾヌリン濃度を測定しました。23人をふたつの群に分け、一方には偽薬（プラセボ）を用いた二重盲検法で行われており、試験レベルは信頼度の高いものです（二重盲検法とは、医学の試験・研究で実施している、薬や治療法などの性質を医師＝実験者からも患者＝被験者からも不明にして行う方法です）。

試験の結果、プラセボ群と比較して乳酸菌摂取群では明らかにゾヌリンの量が減少し、ほぼ正常時の量になっていました。ゾヌリンという成分を指標とすると、乳酸菌摂取は、アスリートの腸の保護に効果的な作用をするという結果が得られています。

腸の働きを正常に保つためにも適度な運動は重要ですが（腹筋が衰えると、腸の蠕動運動も弱まってしまいます）、過度な運動は腸に負担をかけてしまいます。健康目的でスポーツをやられている方は、ウォーキングなど負荷が低く長く続けられるものがおすすめです。

そして、運動後には乳酸菌や発酵食品を摂取するなど、腸内環境をケアしてほしいものです。

第３章　腸内酵素で根本から「アンチエイジング」

骨の若さを保つ腸内酵素がある

若々しさを保つためには、体の外側だけでなく、内側の骨や筋肉の状態も大切です。しかし、特に骨は目に見えない部分なので、異常が出てからでないと衰えに気づかないものです。

国内の患者数が約1300万人いて、今後も増え続けるといわれているのが、老化の代名詞でもある骨粗鬆症。特に閉経後の女性はホルモンバランスの関係で骨密度が急低下するため、非常に骨粗鬆症になりやすくなっています（患者の70〜80％が女性です）。骨粗鬆症になると、転んだり、くしゃみをしたりするだけで骨折してしまうことが多くなります。

閉経期の50代以降の女性が気をつければいいと思いがちですが、近年では「若年性骨粗鬆症」と呼ばれる症状も増えてきています。幼少期からの栄養バランスの乱れが骨形成の異常として表れるケースも少なくありません。

2013年に行われた調査で、「痩せ型」の女性が過去最多とわかりました。厚生労働省による「国民健康・栄養調査」で、20代女性の5人に1人が痩せすぎと判明したのです。無理なダイエットが骨粗鬆症の原因になることもあります。

「骨」に関して漠然と「ちゃんと気をつけないと年齢を重ねたときに弱くなるな」という思いを抱いている方は多いのです。しかし、ほとんどの方が「骨はただ体をささえているもの」としか認識していないのではないでしょうか。

そこで、あまり知られていない骨の構造と機能を、一緒に見ていきたいと思います。骨粗鬆症の予防に、腸内細菌＝腸内酵素が役立つこともおわかりになるでしょう。

人間の体には、かたちも大きさも異なる骨が、２００個程度あります。２００個程度とあいまいなのは、骨には個人差があり、人によってはふたつの骨で構成されている部分がひとつの骨でできていることや、その逆もあるからです。この約２００個の骨が連結して、私たちの骨格をつくっています。その骨の機能とは、以下の３つです。

①骨の大切な機能のひとつは、体をささえて内臓を守ることです。

私たちがふだん、ふらふらすることなくしっかりと立っていられるのは、骨が体をささえているおかげです。さらに、骨は丈夫であるという特性を生かし、内臓も守ってくれます。たとえば、頭蓋骨は脳を守り、胸郭は心臓や肺を、骨盤は内生殖器を守ってくれています。

②骨には、血液をつくるという役割もあります。

私たちの血液が生まれる場所は、骨の内部にある「骨髄」です。60兆個ある人の細胞には、血液も含まれています。血液の細胞成分には、赤血球、白血球、血小板の3つがあります。そしてこれらの細胞は骨髄の中にある「造血幹細胞」という共通の細胞から分化してつくられているのです。

骨髄にある「造血幹細胞」から1日につくられる血液細胞は、赤血球が約2000億個、白血球と血小板がそれぞれ約1000億個。この細胞たちは骨髄の中で10〜20日かけて成熟し、骨髄内の血管を通って全身をめぐっていくのです。

胎児の体には、軟骨と呼ばれる小さい骨の集団しかありません。それらが骨のかたちをつくり、出生後、そのかたちをもとにして硬い骨がつくられていきます。

たとえば、何らかの原因で骨折した際も、まず折れた部分に血の塊ができ、そこに軟骨細胞が集まって、軟骨組織ができあがります。そして、軟骨が微調整をくり返したあとで、骨がその部分につくられて復元されるのです。

出生前は軟骨しかないので、肝臓や脾臓が血液をつくっています。そして出生後に硬い骨が形成されるにつれて、血液の製造は骨髄の担当へとバトンタッチされていきます。

③骨にはさらに、カルシウムの貯蔵と調節という役割があります。

私たちの祖先は、太古、海で生まれたといわれています。海で生活していたシアノバクテリアという光合成細菌が、光合成をして酸素をつくり出し、その酸素が大気に放出されてオゾン層を形成しました。そして、オゾン層によって紫外線がやわらぎ、海で生まれた祖先は陸に上がるようになります。

海で生活していた私たちの祖先は、海水からカルシウムを体内に取り入れることで生命活動を行ってきました。カルシウムをイオンという電気を帯びたかたちで利用することで、さまざまな情報を細胞同士で伝えていたのです。そして、このカルシウムを効率的に体に貯蔵するためにできたのが「骨」という器です。こうして脊椎動物が誕生しました。この骨に筋肉がつくと運動能力が向上し、哺乳類へと進化していきます。

骨は最初から骨格をつくるために生まれたものではなく、「カルシウムを貯蔵するため」に生まれたものなのです。私たちの体は、必要なときに必要なだけのカルシウムイオンを骨から取り出し、体内での情報伝達手段として利用しています。

コラーゲンの減少が骨折の原因

このように、骨の材料でまず思い浮かぶのは、「カルシウム」でしょう。でも、骨が硬くて折れづらいのは、カルシウムがギュッと詰まっているからではありません。その理由は、特殊な構造にあります（骨基質と呼ばれます）。コラーゲンがらせん状の枠組みをつくり、その周りを囲うようにカルシウムがくっついて構成されているので、硬さと弾力性が保たれているのです。

コラーゲンと聞くと特に女性の方は、「肌をキレイにする成分」というイメージが強いのではないでしょうか。実は、皮膚だけでなく、靱帯、腱、骨、軟骨などをつくっているたんぱく質もコラーゲンです。人間の体内に存在しているコラーゲンの量は、全たんぱく質量の約30％を占めています。

コラーゲンの繊維がびっしりと詰まっているからこそ、骨や軟骨は弾力性を持ち、衝撃による骨折などを防ぐことができます。この弾力性については皮膚も同じで、コラーゲンがしっかりと形成されている肌は若々しく、弾力が保たれています。

年齢を重ねるにつれて骨が弱くなっていくのは、カルシウムが減少するからだけではなく、コラーゲンが減少していくことも要因なのです。

腸がつくるビタミンＫが骨を強化

骨の弱さに気づくのは、骨折したときといわれています。しかし、骨粗鬆症患者約１３００万人のうち、対策をしているのは２００万人ほどと推定されており、非常に危険な状況だといわざるを得ません。

実際、骨粗鬆症患者の増加を背景とした大腿部骨折（寝たきりの原因となることが多い骨折です）は増加傾向にあります。厚生労働省研究班の調査によると、２００７年には、男性で約３万１３００人、女性で約11万６８００人に大腿部骨折が発生。ほとんどが50代以上で、発生率は加齢とともに加速度的に上昇していきます。

では、どうすれば衰えていく骨の機能を健康に、そして長く維持していくことができるのでしょうか。

骨の強化のためには、カルシウム、ビタミンD、ビタミンK、そしてたんぱく質（コラーゲン）が重要ですが、これらを吸収するのに、腸内細菌がつくる腸内酵素が重要な役割を果たしているのです。つまり、腸内酵素によって腸の細胞の状態が改善し、栄養素の吸収が高まると考えられています。

吸収以外にも、腸内酵素が強くかかわっているのがビタミンKです。骨に含まれるたんぱく質の中で最も多いのがコラーゲンですが、その次に多いのがオステオカルシンと呼ばれるたんぱく質です。オステオカルシンはカルシウムが骨に沈着するときに必要な物質です。ビタミンKは、オステオカルシンの働きを活性化することでカルシウムの骨への沈着を促しています。

さらに、ビタミンKにはカルシウムの骨からの流出を防ぐ働きや、骨の石灰化を促す働きなどもあり、複合的に骨を丈夫にするために働いています。

このビタミンKを合成しているのが、実は腸内酵素なのです。ビタミンKはK_1とK_2に分かれますが、植物から摂取できるのがK_1で、腸内酵素によってつくられるのがK_2です。このビタミンK_2のほうがK_1に比べ吸収効率に優れるというデータがあります。

腸内細菌は、そのほかにもビタミンB_2、B_6、B_{12}、ビオチン、葉酸など多種類のビタミン類を酵素によって合成しています。

プレバイオティクス（腸内細菌を育てる効果を持つ成分）素材として知られるオリゴ糖の

一種「フラクトオリゴ糖」をマウス（小型ネズミ）に摂取させると、全身の骨密度が改善したという報告もあります。

骨と腸はあまり関係ないように思えますが、腸内環境をよくすることが、実は骨密度を保つことにもつながるのです。

肥満になる腸内細菌が発見された

骨粗鬆症と並び、加齢による変化の代表的なものに、メタボリックシンドロームなどの中年太りがあります。基礎代謝量が減ることによって太りやすくなるというものですが、若々しくあるためにも、健康のためにも、太りすぎは避けたいものです。

2006年、科学雑誌『ネイチャー』に、「肥満に関係している腸内細菌が発見された」という驚きの論文が発表されたのをご存じでしょうか。つまり、「腸内細菌をコントロールすれば、肥満を予防できる」ことが期待できるのです。

お腹の中には1000兆個の腸内細菌が暮らしていますが、乳酸菌やビフィズス菌のような善玉菌もいれば、ウェルシュ菌やクロストリジウム（の一部）といった悪玉菌もいます。

腸内細菌はバランスがよければ私たちの体に大きなメリットをもたらしてくれます。しかし、悪玉菌が増えるといろいろな病気の原因となることは、前章でお伝えしてきたとおりです。

『ネイチャー』で発表された実験では、この腸内細菌を大きくふたつのグループ「バクテロイデーテス門」「ファーミキューテス門」に分類しました。人間を性別や人種、家族、個人などで分けることができるように、腸内細菌にもさまざまな分け方があります。バクテロイデーテス門、ファーミキューテス門という分け方は、とても大きな分け方ですが、持っている酵素の種類の特徴で分類するにはとても有効です。

この分類では、人間のお腹に住んでいる腸内細菌のうち、約90%がどちらかに属します。

この研究では、一卵性双生の人とマウスを対象として実験が行われました。一卵性双生を対象にした理由は、遺伝的に異なるといった影響を除くことができるからです。そして、ただ一卵性なだけでなく、片方が肥満型、もう片方が痩せ型という対象を選んだのです。

調査の結果、人もマウスも、「肥満型ほどバクテロイデーテス門が少ない」という結果となりました。人に関しては、肥満の人が1年間食事指導によってダイエットしたところ、バクテロイデーテス門が増え、痩せた人に特徴的な腸内細菌バランスに近づいていくことも判明しました。

また、肥満型のマウスは炭水化物も利用する能力の強い腸内細菌を持っていて、同じエサを与えた痩せたマウスよりも、カロリーを多く摂取していることがわかりました。

このふたつの結果はどちらも、「ファーミキューテス門が増えた状態では肥満のリスクが高まる」ことを示しています。ファーミキューテス門には、ふだんは人間の体では分解されない多糖類を分解する酵素を持っている菌が多く含まれています。ファーミキューテス門に属する腸内細菌の酵素によって分解された多糖類からは、それまで以上に多くのエネルギーがつくり出されます。この過剰につくられたエネルギーが体に吸収され、太りやすくなってしまうと考えられています。

同じものを食べているはずなのに、ある人は太って、ある人は痩せたままというのは現実でもよく見る光景ですが、その差異には腸内細菌がかかわっていることを示すデータです。

近い将来、特定の腸内細菌をコントロールすることで、肥満の予防が可能になるかもしれません。腸内細菌のバランスを整えること、つまり、健康な人の腸内細菌バランスに近づけることは、肥満防止を含むアンチエイジングに効果的と考えていいでしょう。

和食が日本人の動脈硬化を防ぐ

生活習慣病のひとつである動脈硬化＝血管の老化も、腸内細菌をケアすることで予防することができます。

これまで動脈硬化は、コレステロール値が深くかかわっていると考えられてきました。しかし、コレステロール値が欧米と同等の高いレベルとなっている現代の日本ですが、動脈硬化疾患の割合は欧米と比べて低いという事実があります。

コレステロール値は高いのに、なぜ日本人は動脈硬化疾患にかかる率が低いのでしょうか。理由は大きくふたつあり、ひとつは、「コレステロールは必ずしも悪者というわけではないこと」。もうひとつは、「伝統的な和食の抗炎症効果」です。

まずは、コレステロールの誤解について見ていきましょう。

みなさんがコレステロールと聞いて、最初に持つイメージは「血液ドロドロ」ではないでしょうか。動脈硬化によって生じる脳梗塞や心筋梗塞の原因といわれてきたため、「コレステロール＝悪者」という印象は根強いものです。

しかし、私たちはコレステロールがなければ生きていくことができません。人間の体はおよそ60兆個の細胞でつくられていますが、その細胞を包んでいる細胞膜はたんぱく質とコレステロールによってできています。コレステロールが細胞をささえることによって、細胞はかたちが維持されているのです。

コレステロールがなければホルモンもつくられません。女性ホルモンとして代表的なエストロゲンは月経にかかわっています。それが無理なダイエットをしてコレステロール摂取量が減少すると、エストロゲンがつくられずに月経が止まってしまう場合があります。

また、コレステロールの約4分の1は脳に存在しています。脳から体の各部位に情報伝達が行われるとき、神経線維を保護するためです。そのほかにも、脂肪の消化にかかわる胆汁酸の原料になるなど、私たちの生命活動で重要な役割を果たしています。

最近では、コレステロールを腸内細菌のように、悪玉の「ＬＤＬ」と善玉の「ＨＤＬ」に分けて考えるようになりました。ＬＤＬはコレステロールを全身に新たに送り出し、ＨＤＬは組織や血管に余っている古いコレステロールを回収し、肝臓に戻すからです。

しかし、本来はコレステロールには悪玉、善玉といった区分けはなく、体をめぐるメカニズムの一環ですので、そのバランスが重要といえるでしょう。

体にとって必要不可欠なコレステロールですが、その摂取が過剰になると、動脈の内側に蓄積して血管壁にダメージを与えるため、動脈硬化が進行しやすくなる危険因子であることは事実です。

では、なぜ日本人はコレステロール値が高いにもかかわらず、動脈硬化疾患にかかる率が低いのでしょうか。

その秘密は、和食と腸にありました。伝統的な和食に欠かせない魚や穀物、そして大豆由来の抗炎症成分が、動脈硬化を予防していたのです。実は、コレステロールの血管への吸着を促進させているのは動脈の炎症で、動脈の炎症が起こらなければ、動脈硬化も起こりづらくなります。

なぜコレステロールは炎症が生じている血管内に蓄積するかというと、コレステロールが先に述べたように細胞の構成成分であることに関係しています。血管で炎症が起こると、傷ついた細胞を元に戻そうとするために、修復の一環でコレステロールが蓄積します。つまり、コレステロールの過剰摂取をやめても、血管の炎症状態をケアしなくては、動脈硬化の根本解決にはならないのです。

納豆などの発酵食品で血管を若く

血管内に生じる炎症をケアするうえで、特に味噌や納豆などの発酵食品に多く含まれている成分「ポリアミン」が注目されています。ポリアミンは、微生物から人間まですべての細胞の中でつくられる物質です。細胞の増殖に深くかかわっているため、母乳にも多く含まれる成分として知られています。

このポリアミンには炎症を抑える効果がありますが、ポリアミンの体内合成量は加齢とともに減少してしまいます。味噌や納豆などの発酵食品に含まれるポリアミンを摂取することで、抗炎症効果が期待できます。

また、発酵食品の摂取との相乗効果が、腸で起こります。ポリアミンは、腸内細菌の酵素によってもつくられるからです。腸内細菌のバランスと酵素によって合成された腸内のポリアミン量を比較すると、抗炎症作用に関係している種類の腸内細菌が多い人、つまり、腸内環境が整っている人ほど、ポリアミン量が多いという報告もあります。味噌や納豆などの発酵食品によるポリアミンの摂取とともに腸内環境を整えれば、血管の老化を防ぐ好循環が生まれるということです。

近年は、体内のコレステロール値が低くなりすぎると、逆に健康被害を引き起こすことも指摘されています。たとえば、悪玉といわれるＬＤＬコレステロールも、血液中の値が低いほど死亡率が上昇するというデータがあります。

血管の若返りを目指すときには、コレステロールの過剰な摂取を抑えることも大切ですが、体の炎症を防ぐことのほうがさらに重要です。

日本人に動脈硬化疾患があまり多くないのは、伝統的な日本の食生活に由来しています（ただし、相対的に罹患率は低いものの、食の欧米化によって増加傾向にはあります）。日本に息づく「和食」文化を大切にして、発酵食品をうまく生活に取り入れることで、サラサラの血液を保ちましょう。

加齢でつねに腸は炎症状態にある

血管の炎症が老化を招き、コレステロールの沈着を促して動脈硬化などの疾患を引き起こすことをお伝えしてきましたが、炎症を予防しなくてはならないのは血管だけではありません。腸の炎症状態も老化に深くかかわっています。

第２章で述べたように、腸は私たちの体の内側と外側を隔てる重要な役割を果たしています。異物や病原菌、毒素、そのほかの炎症を引き起こす物質の侵入を防ぐため、腸には粘膜が張りめぐらされています。

その役割から、粘膜は「腸管バリア機能」とも呼ばれます。このバリアが傷ついてしまうと腸に炎症が起こりやすくなります。腸の炎症はさまざまな病気との関連性が指摘されており、潰瘍性大腸炎やクローン病といった炎症性腸疾患、セリアック病（小麦アレルギー）、喘息、花粉症、栄養障害、リューマチなどを引き起こす可能性が高くなります。

炎症というと悪いことのように感じますが、体を外敵から守るために必要不可欠な現象でもあります。免疫は炎症と抗炎症のバランスの上に成り立っている、体の防御システムなのです。ある病原菌が体の中に侵入しようとしたとき、私たちは炎症によって病原菌や異物を撃退しています。こうした炎症反応は、緊急的に発動するタイプの攻撃であるため、ふだんは抗炎症性の免疫細胞によって抑えられています。

しかし、私たちの免疫バランスは、老化にともなって次第に慢性的な軽い炎症に傾くことがわかってきました。このバランスの変化は、異物やウイルス、病原菌、さらには現代社会で増加している化学物質、添加物などに対抗するために、体が絶えず炎症性の免疫反応を起こしてきた結果だと考えられています。年齢が上がるにつれ、この慢性的な炎症は、病気の罹患率とも相関関係が見られるようになります。

軽微ではあるけれど老化によって慢性的に生じている炎症状態は、炎症を表す「インフラメイション」と老化を表す「エイジング」を合わせて「インフラメイジング」と呼ばれています。最近の研究では、加齢とともに増加するがん、動脈硬化、肥満、認知症などの疾患、さらには老化現象そのものがインフラメイジングによって進行すると考えられています。つまり、最初は症状として表れていない慢性的な軽微な炎症が、次第に加齢とともに蓄積して病気として出てくるということです。

老化とインフラメイジングとの密接な関係性が指摘されるなか、注目されているのが腸の免疫細胞です。

近年の研究で、自己免疫疾患やインフラメイジングに、腸に存在するＴｈ17細胞と呼ばれる炎症性の免疫細胞がかかわっていることがわかってきました。Ｔｈ17細胞は病原菌の感染防御になくてはならない大切な免疫細胞なのですが、制御が利かなくなると、自分の細胞までも傷つけるようになります。その結果起こるのがインフラメイジングなのです。

そして、Ｔｈ17細胞の働きを抑制する免疫細胞として、抗炎症性の免疫細胞であるＴｒｅｇ細胞（制御性T細胞）の研究が進められています。このＴｒｅｇ細胞の活性化にかかわっているのが、腸内細菌です。

冷めたおにぎりが腸の老化を防ぐ

腸内細菌は、日頃私たちが口にしている食べ物を利用して、酵素による発酵によって多様な成分をつくり出しています。こうした腸内酵素がつくり出す成分が、全身の健康に影響を与えていることはこれまでお伝えしてきたとおりです。

なかでも、特にインフラメイジングに重要な成分として期待されているのが、Ｔｒｅｇ細胞を活性化する働きのある「酪酸」です。酪酸は、57ページでも紹介したように、酪酸合成菌と呼ばれる腸内細菌の酵素の力で合成されています。

酪酸は、①抗炎症性のＴｒｅｇ細胞を活性化するだけでなく、②炎症によって傷ついた腸の細胞のエネルギーとなり、③細胞や粘膜を回復させることも知られています。さらに、④腸を刺激して蠕動運動をサポートするため、加齢によって停滞しがちな高齢者の便秘の改善などにも貢献しています。インフラメイジングはもちろん、腸内環境のバランスを整えるのにも役立つ成分なのです。

では、私たちはどのようにして酪酸合成菌の働きを活性化させればいいのでしょうか。

酪酸合成菌は、酢酸と難消化性デンプンを主な原料として、酵素によって酪酸をつくり出すことがわかっています。酢酸はビフィズス菌の酵素がつくり出します。つまり酢酸をつくるには、味噌、醤油、納豆、キムチなど、乳酸菌が多く含まれる発酵食品を摂取するのが効果的です。

難消化性デンプンが含まれる食材は、豆類、バナナ、米などです。特に米は、温かいときよりも冷めたときのほうが難消化性デンプンの量が増えることが知られており、冷めた常温のおにぎりなども試してみるといいかもしれません。

インフラメイジングが老化を引き起こすということは、アンチエイジングはアンチインフラメイジングと言い換えることもできます。血管だけでなく、腸のアンチインフラメイジングも意識して、若々しい体を保っていきましょう。

肌や腸内環境を整える油脂を摂る

肌が乾燥する、シワが増えた、ニキビや肌荒れが気になる、生理不順が起こる。こうした悩みを抱えている場合、良質な油脂の摂取が不足しているのかもしれません。

油脂（油）と聞くと「太りそう」「健康に悪そう」と感じる方も多いと思いますが、実は、油は私たちの健康と深い関係があります。

栄養の話をする際に、私たちの食生活にかかわる油は「油脂」と表現されます（細かく言うと、常温で液体のものを油、固体のものを脂肪といい、合わせて油脂といいます）。

油脂は、五大栄養素にも含まれる必須の栄養素です。この油脂をかたちづくっているのが、脂肪酸と呼ばれる成分です。脂肪酸は体のエネルギー源となるとともに、細胞の成分やホルモンの材料にもなっています。

このように、体に欠かせない油脂ですが、実は摂りすぎると体に炎症を起こしてしまうタイプと、炎症を抑えるタイプの油脂があります。

近年、食生活の変化によって、ファストフードや加工食品を口にする機会が増えています。また、惣菜にも揚げ物が増え、その調理の際に多くの油（油脂）を使うようになりました。

ファストフードや加工食品の油脂に含まれている主な成分は、オメガ6系と呼ばれる種類の脂肪酸です。また、植物油脂に水素を添加したトランス脂肪酸が含まれていることも多いです（トランス脂肪酸については後述します）。このオメガ6系脂肪酸は細胞の成分のひとつですので、必ず摂取しなくてはなりません。

しかし、欧米化された食生活においては、オメガ6系脂肪酸の過剰摂取が危ぶまれているのです。

オメガ6系脂肪酸が多すぎると、体に炎症を起こしてしまい、肌荒れの原因になります。また、腸内細菌バランスの乱れの原因になるので、それがまた肌荒れに拍車をかけます。

一方、炎症を抑えるタイプの油脂は、オメガ3系脂肪酸と呼ばれています。オメガ3系脂肪酸には、植物性のα《アルファ》-リノレン酸や、動物性のEPA（エイコサペンタエン酸）、DHA（ドコサヘキサエン酸）があります。オメガ3系脂肪酸には数多くの研究実績があり、血圧やLDL（悪玉）コレステロールの低下、血栓の危険性の低下、抗炎症作用などの働きをします。

厚生労働省が発表した２０１０年版「日本人の食事摂取基準」によると、1日あたりのオメガ3系脂肪酸摂取量は、約2gが推奨されています。

オメガ3系とオメガ6系の理想的な摂取比率は1対2〜4とされていますが、現代の食生活では、その比率が1対10以上ともいわれ、明らかなオメガ6系脂肪酸の過剰摂取となっています。

外食が多いとなかなか難しいかもしれませんが、揚げ物は避けるなどして、まずはオメガ6系脂肪酸の食用油（紅花油やコーン油）の摂取量を減らしていきましょう。

油脂を効果的においしく食べる

オメガ3系脂肪酸の中でもα-リノレン酸は、亜麻仁油、えごま油（しそ油）などに多く含まれます。1日に小さじ1杯程度の摂取でも効果的です。また、EPAやDHAは、いわし、さばなどの青魚、サーモンの魚油などに多く含まれます。目安としては、週に2〜3回程度、魚を食べるようにするといいでしょう。オメガ3系脂肪酸は酸化しやすい性質があるため、高温での加熱や直射日光を避け、長時間空気にさらさないことが大切です。サプリメントで摂取するという手もあります。

亜麻仁油などは、サラダや納豆にかけるなど、ドレッシング的な使い方をすると摂りやすいでしょう。魚は刺身が好ましいですが、水煮などの缶詰もおすすめです。密閉してから熱する製造方法のおかげでEPAやDHAもしっかり残っています。

また、その他の種類の油脂にも、おすすめのタイプがあります。最近、パンにオリーブオイルをつけて食べたり、サラダにアーモンドを加えたりすることがブームになっています。オリーブオイルやアーモンドに多く含まれるオレイン酸には、過剰なLDLコレステロールの値を下げる働きがあることが知られています。腸の中で潤滑剤のような働きをするため、便通改善効果も期待されます。

ココナッツオイルもおすすめです。体に脂肪がつきにくい油脂であることに加え、食物繊維も含まれているため便秘解消にも効果的で、ビタミンEの働きで抗酸化作用などのアンチエイジング効果も期待できます。

私は肌と腸内環境を良好に保つために、次のような油脂摂取習慣を心がけています。

・青魚を使った和食を積極的に取り入れる（EPA、DHA）。
・亜麻仁油のサプリメントを飲む（α-リノレン酸）。
・パンにオリーブオイルをつけて食べる（オレイン酸）。
・間食としてアーモンドを食べる（オレイン酸）。

肌荒れが気になる方は、ふだん摂っている油脂を見直してみましょう。ぜひ、私の習慣のうちのいくつかを取り入れてみていただけたらと思います。

最後に、オメガ6系脂肪酸の過剰摂取と同じく要注意の、マーガリンやショートニング、クリーム類、油で揚げたスナック菓子などに含まれるトランス脂肪酸についてお伝えしたいと思います。

これらの製造工程で発生する可能性のあるトランス脂肪酸は、過剰に摂取すると心臓病のリスクを高めるなど、健康への悪影響が懸念されています。トランス脂肪酸は食べるプラスチックとも呼ばれる油脂で、欧米では使用を禁止している企業も多くあるように、オメガ6系と違い摂取する必要もありません。

加工食品にはトランス脂肪酸が含まれているものが非常に多く、マーガリンなどのわかりやすい名称でなく、植物油脂などの名前で表示されていることもあります。なるべくトランス脂肪酸を含む加工食品を選ばないようにすることも、健康への近道といえるでしょう。

なぜ適度な運動が腸にいいのか

69～71ページでは、過度の運動が腸内環境の悪化につながることを書きました。かといって運動不足も腸内環境の悪化を招きます。一般的には、過度の運動をしている方よりも、運動不足の方のほうが多いでしょう。

日常的に運動不足が続いていると、内臓をささえるインナーマッスルが衰えてしまいます。デスクワークの多い方や姿勢の悪い方は特に注意が必要で、インナーマッスルの衰えだけでなく、骨盤のゆがみや脊柱の湾曲が生じます。

骨盤がゆがんでしまうと、腸骨に乗っている腸をささえられなくなり、内臓の位置が全体的に下がりやすくなるのです。内臓の位置が下がると腸は圧迫されますが、脊柱が湾曲すると、それがさらに加速します。

筋力低下と腸の圧迫により腸の蠕動運動が弱まると、悪循環の始まりです。動きが弱まった腸では、健康で若々しい体を維持できません。便秘がちになり腸内酵素の力を生かしづらくなるのに加え、内臓器官の代謝低下を招くので肥満の原因になりますし、血流も悪くなるので冷えも引き起こしてしまいます。

対策としては、インナーマッスルと腸の刺激、正しい姿勢の維持を意識することが効果的です。新たに運動を始めるのはハードルが高いという方は、起床時や就寝前の柔軟体操、デスクワーク時の背伸び、腹式呼吸など、ちょっとしたことを続けるだけでも効果が期待できます。

正しい姿勢でのウォーキングなど、軽度な全身運動もおすすめです。内臓の位置が下がってしまっている方は下腹部がぽっこりしているのが特徴ですが、これらを続けていると、内臓が押し上げられ、下腹部が引き締まってくるのがわかると思います。

適度な運動には、腸に関係するもの以外にも次のようなアンチエイジング効果があります。

①骨粗鬆症の予防

カルシウムなどの栄養面も大事ですが、運動によって骨に刺激を与えることも予防につながります。

②生活習慣病の予防

適度な運動は心臓、肺、血管を強くするので抵抗力が上がり、生活習慣病のリスクが軽減されます。

③思考の活性化

継続的な運動は、筋肉を信号で司っている脳にも刺激を与えるので、思考の活性化につながります。

④ダイエット効果

運動によって基礎代謝量が上がると、太りにくい体になります。リバウンドのリスクもありません。

まわりを見回しても、年齢に比べて若々しい方で、運動をまったくしていないという方はいないのではないでしょうか。運動不足を自覚している方は、ぜひ今日から何かできることを始めていただけたらと思います。

カロリー制限で寿命が延びる理由

ダイエットでは定番のカロリー制限ですが、近年、カロリー制限が寿命を延ばし健康状態を改善することが、世界の多くの研究機関で確認されています。

たとえば、マウスなどの寿命が短い動物は、カロリー制限によって30〜40%も寿命が延びました。寿命の長いアカゲザルにおいても、食事のカロリーを30%少なくしてビタミンやミネラルを適切に補ったところ、健康寿命を延ばせたという報告があります。

適切なカロリー制限を行うと、なぜ寿命が延びるのでしょうか。実は、カロリー制限は腸内環境とも関係しているのです。

２０１３年、オンライン上の学術ジャーナル『ネイチャー・コミュニケーションズ』に、カロリー制限と腸内細菌バランスの研究結果が発表されました。マウスでの実験で、カロリー制限によって乳酸菌の一種であるラクトバチルス菌などの善玉菌が増加。逆に、悪玉菌は減少しています。

この研究では、試験区を「高脂肪食群」「低脂肪食群」「高脂肪食群（30％カロリー制限）」「低脂肪食群（30％カロリー制限）」の４つに分けたところ、「低脂肪食群（30％カロリー制限）」においてもっとも寿命が延びました。また、悪玉菌が増加したときに血液中に見られるＬＰＳ（リポポリサッカライド）に関連するたんぱく質も減少していました。

30％カロリー制限とは、マウスが食事を自由摂取した場合を基準とし、カロリーに30％の制限をかけるという意味です。

これまでに発表されているカロリー制限と寿命の研究でも、30％カロリー制限がよく用いられています。こうしたことから、「30％」というのは長寿におけるひとつのカロリー制限の目安になると考えられます。

週2回カロリー制限日をつくる

ただ、毎日の食事から30%もカロリーを制限するのは大変なことです。特に運動量の多い人は健康を損なう恐れがあり、30%カロリー制限で得られるメリットよりも、次のようなデメリットのほうが相対的に大きくなる場合もあるでしょう。

・空腹感に耐えられない（反動による暴飲暴食）
・集中力の欠如、寒さへの感度上昇
・傷の治癒の遅延
・骨粗鬆症のリスク増加

そこで、おすすめしたいのが、肥満が気になりだしたら週に2回、25〜30%のカロリー制限を行うことです。

2011年、肥満気味の女性を対象に、25%のカロリー制限を「毎日行う群」と「週に2回行う群」に分けて実施する研究が行われました。その結果、毎日行っても週に2回行っても、6ヵ月後に体重減少に加えてメタボリックシンドロームなどの炎症指標の低下が認められたからです。

適切なカロリー制限は腸内環境にいい影響を与え、長寿やメタボリックシンドロームの予防などさまざまなメリットが期待できます。しかしこれを勘違いして、過剰なファスティング（断食）などの極端な制限をしてしまうと、逆に悪玉菌を増やして腸内環境を悪化させてしまいます。

週2回のカロリー制限であれば、健康を害す心配もありませんし、制限によるストレスも小さいはずです。肥満が気になる方は、スマートフォンのカロリー計算アプリなども活用しながら、気軽に取り組んでみるといいでしょう。

病院でもらう薬が善玉菌を減らす

私たち人間は出産のとき、母親のお腹の中から産道を通ってくるあいだに母親の菌を受け継ぎ、生まれて外の世界に出ると、多くの微生物に触れて、体に取り込んでいきます。こうして取り込まれた微生物は、腸内細菌として生涯をともにすることになります。

人生という長いスパンの中で、腸内細菌のバランスが大きく変化するときが2回あります。1回目は離乳のタイミングです。通常、赤ちゃんのときはビフィズス菌の割合が大きいのですが、離乳食をきっかけに大きく変化し、その割合は10％程度にまで減少し、長期間安定します。2回目の大きな変化は、通常60〜70歳のタイミングで起こります。安定していたビフィズス菌の割合が、次第に減少していくのです。

腸内環境の1回目の大きな変化は、主に食べ物の変化によってもたらされますが、2回目の大きな変化については、明確な答えがわかっていません。

ただ、長期的な生活習慣の乱れの蓄積に加え、ビフィズス菌などの善玉菌の減少スピードを加速させる大きな要因が、すでにふたつわかっています。

ひとつが、「薬の日常的な摂取」です。高齢になるに従って病院に通う頻度は高くなるもので、実際、約70％の高齢者は、何らかの原因で病院に通い、薬を処方されて日常的に摂取しています。医薬品を日常的に摂取している方は、薬を飲んでいない方と比較して、ビフィズス菌や腸の炎症を鎮める微生物が少なくなることがわかっています。

加えて、「抗生物質の飲用の有無も腸内細菌のバランスに影響」を与えます。高齢者の腸内細菌バランスの悪化の原因のひとつに、抗生物質が原因で増加するクロストリジウム・ディフィシルという悪玉菌があります。この菌が増加すると、悪玉菌がつくり出す酵素によって毒素がつくられて下痢が慢性化しやすくなり、ビフィズス菌を含めた善玉菌が減少する原因となってしまいます。

なるべく薬を摂取しないで済むように健康管理をすることが、腸内環境のアンチエイジングにもつながっていくのです。

善玉菌は大所帯で暮らすと増える

大きな影響を与えるもうひとつの要因が、住環境です。長期的に自宅で暮らしているひとり暮らしの高齢者と、複数の人と暮らしている高齢者とを比較したところ、明らかな腸内細菌バランスの違いが発見されたという研究があります。

複数で暮らしている人のほうが、腸内に善玉菌の酵素によってつくられる酢酸や酪酸などが多く見られました。酢酸や酪酸は腸の炎症を鎮めて健康を保つと同時に、腸の細胞のエネルギーにもなるので、結果として、複数で暮らしている高齢者のほうが、腸内環境が良好だったのです。

また、両者の違いを生み出している理由のひとつに、食事の内容がありました。ひとり暮らしの高齢者は、脂肪の摂取量が多くて食物繊維の摂取量が少ないとわかっています。歯や咀嚼の状態が悪化しており、食べ物を飲み込む力も弱まっている傾向があります。咀嚼できないことにより腸の運動性も低下し、便秘がちになる方も少なくありません。

意外に思われるかもしれませんが、家族と一緒、もしくは施設などのコミュニティで暮らしている人のほうが、栄養の偏りも小さくなり、歯のケアをすすめられるなど、さまざまな面で老化の加速を防ぐ機会が多いのです。

生活習慣の乱れている方が高齢者になり、薬の摂取や住環境などの要因が加わると、腸内環境の悪化が加速してしまいます。心当たりのある方は、34〜36ページの「4つの習慣」にのっとり、長期的に生活習慣を改善していきましょう。食生活だけでなく、適度な運動や睡眠、歯などの口腔ケアも大切です。

私たちの体の細胞が入れ替わるのには3ヵ月という月日が必要ですが、逆にいえば、3ヵ月間きちんと腸のケアを続けられれば、必ず体によい変化が生まれてきます。今日から少しずつ、腸にいい生活習慣を取り入れていきましょう。

第４章　うつ、ボケも腸内酵素で改善できる

腸の乱れが自律神経に大きく影響

みなさんは「自律神経」という言葉をご存じでしょうか。

自律神経は、字のごとく私たちの意思とは関係なく自律して働く神経のことです。全身に張りめぐらされていて、体を活動的にさせる「交感神経」と、リラックスさせる「副交感神経」の2種類があります。車にたとえると、交感神経はアクセルの役割、副交感神経はブレーキの役割を果たしているといえます。

交感神経と副交感神経は、どちらかだけが働けばよいものではなく、バランスが大切です。もっとも望ましいのは交感神経が少しだけ優位な状態で、そうなると体がアクティブになります。しかし、残業が続く、インターネットの普及で休む時間がないといった不規則な生活、ストレス負荷などで、現代人の自律神経バランスは大きく乱れており、交感神経が過剰に高ぶった状態の人が多いのが現状です。

交感神経が高ぶっていると、持続的なイライラや、体内時計が乱れることによる不眠症と昼間の急激な眠気が引き起こされます。それがストレスになり、また交感神経が高ぶるという悪循環に陥ってしまうことも多いです。

自律神経と腸は密接に関係していて、自律神経の乱れは腸の乱れにつながりますし、腸のケアによって自律神経バランスを整えることもできます。そのメカニズムを、かんたんに紹介していきます。

まずは、腸の乱れについてです。腸は、壁全体にある「平滑筋《へいかつきん》」という筋肉の収縮によって蠕動運動を行い、食べ物と消化液を混ぜ合わせています（ほかの消化器も同様です）。そして、「括約筋《かつやくきん》」という筋肉が、肛門を閉める重要な役割を果たしています。

この蠕動運動や括約筋のコントロールには、交感神経と副交感神経が密接にかかわっています（図表９の①参照）。

副交感神経は、平滑筋を収縮させて消化運動を活発にします。また同時に括約筋をゆるめる働きをして、食べたものの消化と、消化されたものを外に送り出す働きを担っています。

交感神経は、逆に括約筋を働かせて平滑筋をゆるめることで（蠕動運動の鈍化）、食べ物からきちんと栄養を吸収する手助けをしています。

現代人は交感神経が過剰に高ぶる傾向にあるので、便秘になりやすいお腹になっているといえます（図表９の②参照）。便秘が常態化することの弊害はこれまでもお伝えしたとおりです。

精神を安定させる食材や生活習慣

自律神経のバランスが乱れると、便秘がちになり腸内環境が悪化してしまいますが、逆に、腸内環境を整えることで、自律神経のバランスをケアすることもできます。

腸には多数の自律神経が集中していて、腸内酵素の生産物に刺激を受けることで、脳に信号が送られます。食事にオリゴ糖や食物繊維、発酵食品などを摂り入れると、腸内細菌の働きが活発になり、自律神経のバランスを整えることにもつながるのです。

さらに、精神を安定させてくれる効能のあるカルシウムを含む食材を食べるのもおすすめです。具体的には、小魚、干しえび、ひじき、小松菜などです。

ただし、自律神経のバランスの乱れの根本原因は不規則でストレスの多い生活にあります。副交感神経をしっかりと働かせるためには、腸のケアやカルシウムを摂ることだけでなく、生活の見直しを心がけましょう。

睡眠の質も腸から高められる

精神を整えるためには、規則正しい生活が重要です。規則正しい生活をつくるものといえ

図表9　蠕動運動が活発な腸とそうでない腸

❶自律神経バランスがいい腸

「平滑筋」と「括約筋」のバランスが保たれ、
消化器の蠕動運動がスムーズ。

❷交感神経の活動が過剰な腸

「括約筋」が常に働くことで、蠕動運動が
起こりにくくなり、腸内に便が滞留する。

ば、やはり最初に思い浮かぶのが質の高い睡眠ではないでしょうか。睡眠に関しても、腸内環境を整えると睡眠の質が高まり、睡眠の質が低下すると腸内環境が悪化するという関係性を示すデータがあります。

大腸などの消化管は、食べたものを動かして排泄する蠕動運動を行っています。この蠕動運動は、実は睡眠のリズムと同調していることが、研究で明らかになっています。かんたんにいうと、起きているときには腸の動きも活発になり、眠っているときには腸の動きもゆるやかになるのです。

そのことに着目した研究が、日本でも行われています（図表10参照）。東京在住の成人女性約1000人を対象にした、便通状態と睡眠・健康の調査では、便秘のグループと健常のグループを比較すると、便秘の方は中途覚醒時間（WASO）の割合が大きく睡眠障害を抱えていることが多く、昼間の眠気も強いことがわかりました。

また、就寝時刻や睡眠時間、睡眠習慣においても、便秘の方は不規則性が高いことが明らかになっています。

こうした睡眠に、腸内環境がかかわっているということもわかってきています。腸内細菌を含む微生物は自分の体のまわりを細胞壁と呼ばれる壁で覆っていますが、その細胞壁の成

図表10　便秘傾向の人のほうが睡眠の質は悪化

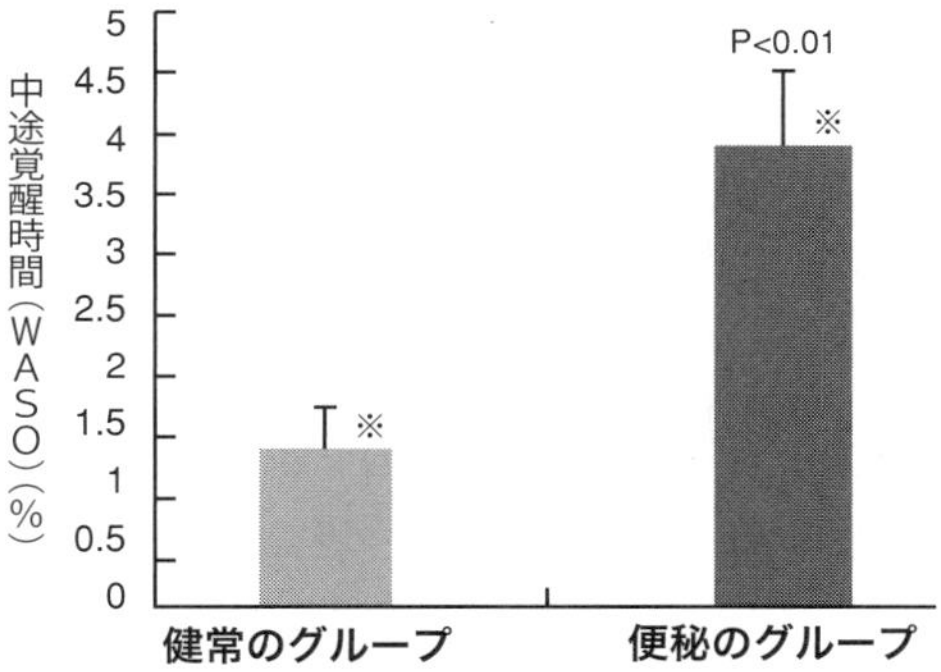

※平均値 ±SD（標準偏差）

出典：A Pilot Study of the Relationship between Bowel Habits and Sleep Health by Actigraphy Measurement and Fecal Flora Analysis. Ono, S. et al., *J Physiol Anthropol,* 27: 145-151, 2008

分の一種「ムラミルペプチド」が、睡眠物質として作用しているというのです。

ムラミルペプチドは、私たちの体が細菌に感染した際、発熱と眠気を誘発することで知られている成分ですが、細菌に感染していない状態でも、睡眠誘導に役立ってくれているようです。

腸内細菌と睡眠の関係は研究途上の分野です。しかし、腸の蠕動運動と腸内細菌、そして交感神経・副交感神経などの体のリズムにはすべて関連性が認められることから、腸内環境バランスを保つことで正しい睡眠状態が維持できると考えられます。

腸内環境を整えることは、睡眠を整えることにもつながるのです。

腸内酵素がうつ病を改善する

日本では、これまで「脳卒中」「がん」「急性心筋梗塞」「糖尿病」の4大疾病に特に対策がとられてきましたが、近年、新たに「精神疾患」が加わり、5大疾病と定義されるようになりました。

職場にうつ病の方がいたり、まわりに認知症の方がいたりするのは、今ではめずらしいことではないと思います。そして、精神疾患の方が増え続ける中で、精神状態と腸の関係に注目が集まっています。

腸は「第二の脳」と呼ばれているくらいで、脳の次に神経細胞が多く密集しています。私たちは日頃から「気力、根性」という意味で「ガッツ」という言葉を使っています。その語源は英語の「腸（GUTS）」から来ているのです。19世紀に広まった表現といわれていますが、おそらく「気力や根性は体の内部から生み出される」ということを、直感的に理解していたのではないでしょうか。

脳の機能と腸を含めた消化管の相互の影響については、1920年代から研究されています。そして現在、腸と脳は神経やホルモン、さらには免疫の経路を駆使した双方向のコミュニケーションによって、おたがいの状態を保っていることがわかってきました。

たとえば、脳には「迷走神経」と呼ばれる神経があります。この迷走神経は感覚や運動に関係しており、喉や気管、食道、胃、小腸などの運動の促進、心拍数の抑制などを行っています。この迷走神経から信号が消化管に送信されて、胃や腸の働きに影響を与えています。そして、逆に腸にある神経からも脳に信号が送られていることがわかっているため、消化・吸収や満腹状態との関係性も研究されています。

もし、この迷走神経の経路がうまく働かなければ、気分障害や摂食障害などの病気につながる恐れがあります。最近多くの方々が悩みを抱えている過敏性腸症候群（ＩＢＳ、43～44ページ参照）も、引き起こされるリスクのある病気のひとつです。

腸と脳が相互にコミュニケーションをとっていることを踏まえると、腸内環境バランスを整えて、腸と脳の信号のやりとりをスムーズにすることは、精神の安定＝うつ病や五月病の予防に役立つと考えられます。

精神の安定に腸内細菌が果たしている役割を示す、「無菌マウス」を使った実験もあります。無菌マウスには、もちろん腸内細菌は住んでいません。無菌マウスと通常のマウスを比較すると、無菌マウスでは腸内酵素のサポートがなく、腸と脳をつなぐ神経系がうまく発達していないため、ストレスホルモンと呼ばれる物質の合成を抑制する機能がうまく働かないことがわかりました。そのため、無菌マウスではストレスホルモンが、たくさんつくられてしまいます。

また、無菌マウスと通常マウスを比較すると、幸福ホルモンと呼ばれるセロトニンの濃度が無菌マウスのほうが低く、記憶力の低下も見られました。つまり、腸内環境のバランスが崩れると、無菌マウスのようにストレスが増幅されるリスクが高まります。

最近は会社を休むまではいかなくても、軽度のうつ病を自覚する方が増えてきています。現代社会ではストレスのもとを完全に断つのは難しいかもしれませんが、日頃からの腸ケアを心がけて、健全なメンタルを維持していきましょう。

ストレスを緩和する腸のスイッチ

ストレスの緩和やリラックスに効果がある成分として、最近注目されているのがGABA(Gamma-AminoButyric Acidの略）という物質です。特定保健用食品に配合されるなど、関連商品が数多く販売されています。

ＧＡＢＡは日本語でいうと「γ《ガンマ》－アミノ酪酸」です。動物および植物に広く存在している（含まれている）物質ですが、人間をはじめとする哺乳類の脳や脊髄などの中枢神経に特に多く存在しており、抑制性、つまり精神を安定させる神経伝達物質として働いています。

興奮した神経を落ち着かせたり、ストレスをやわらげたりリラックスさせるなど、現代人がストレス社会を生きていくために必須の役割を果たしているといえます。

逆に、興奮性の神経伝達物質も存在していて、ドーパミンや、うまみ調味料でおなじみのグルタミン酸がその代表例です。実は、ＧＡＢＡは私たちの体では脳内のグルタミン酸からつくられています。この抑制性物質が興奮性物質からつくられることで、抑制と興奮のバランスが保たれるしくみになっています。

ＧＡＢＡはこのメカニズムにより、通常であれば脳内で十分な量がつくられているのですが、強いストレスに日常的にさらされていると、その緩和に大量に消費されるため、不足しがちになってしまいます。

ＧＡＢＡが不足すると興奮性の神経伝達物質が過剰に分泌されることになり、リラックスできない状態が続いて緊張を強いられることになります。それで、「ストレス社会と戦うためにＧＡＢＡを摂取しましょう！」という商品が次々と開発されているのです。でも、外から摂取したＧＡＢＡは、脳に直接取り込まれるわけではありません。

なぜＧＡＢＡが脳に直接取り込まれないのかというと、私たちの脳はほかの臓器と違って、かんたんに外からの成分が入り込まないように関所のような場所で守られているからです。この関所は「血液脳関門」と呼ばれています。ＧＡＢＡはこの血液脳関門を通過できないことがわかっています。

脳内に直接入ることはできませんが、ＧＡＢＡの摂取は、血管収縮を起こすノルアドレナリンという物質の分泌を抑えて血圧を下げる効果があり、これもリラックスには役立ちます。

とはいえ、それだけではＧＡＢＡの摂取はそれほど意味がないのではと考える方も多いと思います。確かにＧＡＢＡは直接脳内に取り込まれることはないのですが、実は腸内酵素によって、摂取したＧＡＢＡが効果を発揮していることを示す論文が発表されています。

脳の中には、ＧＡＢＡの存在を認識してストレス緩和やリラックスの反応を起こさせる、受容体と呼ばれるスイッチのような細胞があります。この脳内のＧＡＢＡ受容体と同じものが、腸にも存在していることがわかっています。

マウスの実験では、たとえば、乳酸菌（ラクトバチルス・ラムノーサス・ＪＢ-１株）には脳内の皮質やＧＡＢＡ受容体の生産量を変化させる効果があることが示されています。つまり、ある特定の乳酸菌を摂ることは、感情や行動をコントロールする可能性を秘めているということになります。

また、２０１３年に発表された論文では、この乳酸菌ＪＢ‐１株がグルタミン酸脱炭酸酵素によってＧＡＢＡを生産することが報告されています。このように、乳酸菌の持つ酵素によるＧＡＢＡ生産やＧＡＢＡの直接的な摂取によって、腸内の受容体を通して刺激が中枢神経を伝って脳に届き、脳内でのＧＡＢＡ生産能力が上がると考えることができます。

少し残酷で申し訳ないですが、腸と脳をつないでいる神経を切断したマウスでは、脳内のＧＡＢＡ受容体の活性化が見られないという報告もあり、腸が脳のリラックスにかかわっていることは間違いないでしょう。

私たちの腸は、「第二の脳」と呼ばれるほど、神経細胞が密に集まった器官です。少し前まで、腸は食べ物を分解して吸収するだけの場所として考えられていました。今でも、そう捉えている方が多いかもしれません。しかし、実際には免疫の最前線であり、さらには脳に多大な影響を与える大切な器官なのです。

ＧＡＢＡの摂取ですが、発芽玄米はＧＡＢＡに加えてビタミンやミネラルなどの栄養価が高く、腸にもやさしい食材なのでおすすめできます。ただし、より望ましいのはGABAの摂取よりも、腸内環境を整えて腸のGABA受容体がしっかり働ける状態にすることでしょう(GABAを摂取しても、腸がトラブルを抱えていると、受容体にきちんと感知されないためです)。

「第二の脳」ということを意識すると、腸のケアのモチベーションも保てるのではないでしょうか。イライラすることが多いという方は、これを機にぜひ腸内環境を整えていただけたらと思います。

高齢者4人に1人が認知に問題

ボケと呼ばれてきた認知症は、加齢にともなう病気のひとつとして知られています。さまざまな原因で脳の細胞が死んだり働きが悪くなったりすることで、記憶や判断力に障害が起こり、意識障害はないものの、社会生活や対人関係に支障が出ている状態をいいます。一般的には、こうした症状がおよそ6ヵ月以上続いた場合、認知症と呼ばれます。

認知症には大きく分けて2種類があります。

アルツハイマー型認知症……脳の一部が萎縮していくことで起こる認知症。すべての認知症のうち60～70％の人が当てはまる。

脳血管性認知症……脳出血や脳梗塞などの血管性障害により、神経細胞に栄養や酸素が行き渡らなくなり、神経細胞が死んだり、神経のネットワークが壊れたりして起こる認知症。一部の記憶は残っている「まだら認知症」が特徴。


厚生労働省の資料によると、２０１０年時点では、日本で認知症と診断されている65歳以上の高齢者は、７人に１人程度とされています。それが団塊世代が75歳以上になる25年には７００万人前後になり、これは５人に１人にあたります。

認知症まではいかなくとも、正常と認知症の中間ともいえる状態の方も多くいらっしゃいます。日常生活への影響は大きくないため認知症とは診断されませんが、ＭＣＩ（Mild Cognitive Impairment）と呼ばれる認知症の前段階です。ＭＣＩの方も加えると、現在、高齢者の４人に１人が認知にトラブルを抱えている計算になります。

最近では18歳以上、65歳未満の方で発症する若年性認知症も大きな問題になっており、２００９年の厚生労働省の発表によると、国内でおよそ３万７８００人の若年性認知症患者がいると推測されています。若年性認知症の怖いところは、働き盛りの方が発症して、介護が必要になるだけでなく収入がゼロになってしまうことです。認知症は、まだ若いからといって、軽視してしまっていい病気ではないのです。

加齢によってもの忘れが起こることはありますが、加齢によるもの忘れと認知症とは大きく異なります。認知症の場合は、体験したことすべてを忘れてしまうケースが多いので、自分がもの忘れをしているという自覚もありません。

たとえば、ごはんを食べたばかりなのに、「ごはんはまだ?」などと訊くようになります。これを否定したりすると、「食べてないっていってるじゃないか!」などとまわりの人にあたる回数も増えてきて、日常生活への支障も大きくなります。また、病状は次第に進行しますし、現在は効果的な治療法がまだ見つかっていない状況です。

悪玉菌の酵素が認知症の原因に

このように、日常生活を困難にさせてしまう認知症ですが、腸内環境との関係性や、栄養素の摂取、食事パターンなどとの関係性が研究でわかってきています。

認知症と腸の関係が注目されているのは、腸と関係の深いコレステロール量(動脈硬化)

や肥満と、認知症リスクに相関関係があるからです。たとえば、中年期の血中コレステロール値が高い方は、高齢になったときにアルツハイマー型認知症の発病リスクが高くなることが知られています。また、体重が重かったり肥満だったりした場合、アルツハイマー型認知症のリスクが3倍になり、脳血管性認知症のリスクは4倍であることが報告されています。これらの報告は、腸のケアで動脈硬化や肥満を防止することが、認知症の予防につながることを示唆しています。

認知症患者の腸内細菌の変化も研究されています。認知症が進行すると腸内細菌のバランスが変化し、炎症にかかわる成分が増加していました。

アルツハイマー型認知症においては、神経炎症と呼ばれる脳の異常な炎症が、発症や進行に関与していると指摘されています。この際、炎症にかかわっているのが「グリア細胞」です。グリア細胞は、脳の中で神経細胞のおよそ50倍も存在している細胞で、脳への栄養の出し入れをコントロールする血液脳関門をかたちづくるなど、重要な役割を果たしています。

ふだんグリア細胞は、脳内の損傷に対応して脳を正常な働きに戻すために、軽度な炎症反応を起こしています。しかし、アルツハイマー型認知症では、このグリア細胞が過剰に活性化して神経細胞の機能不全や細胞死を起こし、有害な炎症性物質をつくり出してしまうのです。

このグリア細胞の過剰な活性化に、腸内細菌のバランスの悪化が関連していると考えられています。

いちじるしく偏った食事や加齢により、腸内環境が変化をきたすと、悪玉菌の酵素によって低レベルの炎症が腸内で起こります。その炎症シグナルが伝わってグリア細胞が活性化され、神経性の炎症が起こり、ひどい場合は認知機能障害が発生してしまうのです。グリア細胞を正常に働かせるためには、腸内環境のバランスを整えることが必要不可欠になります。

また、過敏性腸症候群（ＩＢＳ）と認知症との関係性についても研究されています。過敏性腸症候群患者は、腸内に炎症が起こり、微生物の酵素によってつくられる細胞の成分・ＬＰＳ（リポポリサッカライド）が過剰に生産されることがわかっています。前でも述べたとおりＬＰＳは、悪玉菌が増えると増加する炎症成分です。これが過剰に生産されると、腸の炎症シグナルを活性化し、バリア機能にも障害が生じてきます。

この研究では、過敏性腸症候群に由来する炎症が、神経炎症につながり、それが脳の海馬や小脳の機能障害を引き起こし、加齢にともなう認知機能の悪化を増幅している可能性が高いことが報告されています。過敏性腸症候群の兆候を見つけることや、それにともなう適切な処置・治療は、認知機能障害を回避し、認知症の弊害を最小限に食い止めることにつながると考えられます。

慢性的な腹痛や下痢・便秘に悩んでいる方は、一度専門医に診てもらうといいでしょう。次のウェブサイト「ここカラダ」では、お近くの過敏性腸症候群を診察可能な病院を探せます（http://www.cocokarada.jp/hsearch/0007/00/top.html）。

地中海食で腸から認知症を改善

認知症は、栄養素とも大きな関係があると指摘されています。栄養素の吸収には腸内酵素が重要な役割を果たすことは再三述べてきました。どのような栄養素が効果的か、ご紹介します。

脳はつねに働き続けているため、その活動にともなって、「活性酸素」が多量に発生しています。活性酸素は、過度に発生すると、炎症によって体を傷つける毒素となります。先ほども述べたとおり、脳の炎症反応は認知症とつながりが深く、炎症を防ぐ抗酸化作用のある栄養素が、認知症の予防に役立つといわれています。

たとえば、ビタミンEやビタミンC、ビタミンB_{12}、β《ベータ》-カロテンなどのビタミン類、マグネシウムや銅、セレン、亜鉛などの微量栄養素の摂取は、抗酸化酵素の働きを助けます。また、炎症を抑える働きを持つ成分として、ポリフェノールや不飽和脂肪酸が注目されています。

ポリフェノールはコーヒーや赤ワイン、緑茶などの飲料や、ブルーベリー、ぶどう、大豆などの植物に含まれ、カテキンやアントシアニン、イソフラボン、タンニンなどが有名です。

不飽和脂肪酸は、魚や亜麻仁油、オリーブオイルなどに多く含まれます。不飽和脂肪酸については、摂取が認知障害や認知症の進行をやわらげたとの報告や、長期にわたるオリーブオイルの摂取が言語の流暢さや短期記憶を助け、認知症の前段階であるＭＣＩの改善につながったとの報告もあります。

その一方で、サプリメントなどによる単一の栄養素だけを摂ることによる摂取リスクも報告されています。たとえば、抗酸化ビタミンのうち、ビタミンＥには本来α型、β型、γ型、δ《デルタ》型があります。ふだんの食事中にはビタミンＥはこうした種類の複合体として含まれていますが、アルツハイマー型認知症の方の血中ビタミンＥ量を調べると、特定の単一の型が検出されることが多いのです。単一の栄養素の過剰摂取が、認知症を悪化させた可能性があります。

以上のことから、認知症の予防には、単一の成分の摂取よりも、さまざまな栄養素が含まれたバランス食が効果的と考えられます。なかでも注目されているのが、地中海式の食事です。地中海式の食事は、肉や炭水化物に偏らず、フルーツ、野菜、オリーブオイル、魚などが含まれるため、抗酸化物質やポリフェノール、不飽和脂肪酸、ビタミンE、ビタミンB_{12}、セレンといった栄養素がバランスよく摂取できます。２０１３年のシステマティックレビュー（文献分析）でも、地中海食は認知症の改善につながると報告されています。

もちろん、さまざまな食材をバランスよく使用している和食も、こうした効果が期待できます。一部の栄養素のみに偏らずに、バランスのよい食生活で、脳の機能を健全に保っていきましょう。

幸福ホルモンも95%腸がつくる

本書でも各所に登場していますが、本章の締めくくりとして、幸福ホルモン「セロトニン」と腸の関係を、くわしく紹介したいと思います。セロトニンは、分類的には神経伝達物質にあたります。

神経伝達物質は数多く発見されていますが、一般的に有名な物質はＧＡＢＡ、ドーパミン、セロトニンです。なかでもセロトニンは多様な働きを持ち、心の安定にも役立つことから幸福物質、幸福ホルモンなどと呼ばれています。またセロトニンは心の安定＝幸福だけでなく、睡眠の調整、体温の調整や痛みの認知、食欲の制御や消化・吸収など、多くの体の機能にかかわっています。

このセロトニンも95％は腸でつくられていることがわかっています。セロトニンは、私たちが食事で摂取しなくてはならない（体でつくることができない）必須アミノ酸のトリプトファンが、酵素の働きによって変換されてできているのです。

95％のセロトニンが腸内でつくられると聞くと、腸でつくられたセロトニンが脳に運ばれて働くと思う方もいらっしゃるでしょう。でも、実際には腸でつくられたセロトニンが脳に直接入ることはありません。ＧＡＢＡと同じく、血液脳関門を通過できないのです。血液脳関門を通過できるのは、アミノ酸のような小さな物質だけです。

脳で働くセロトニンは、脳内でつくられる必要があります。そのためには、セロトニンの材料となるトリプトファンが含まれる食事をきちんと摂取するのが効果的です。トリプトファンが摂れる食材は次のようなものです。

卵、牛乳、肉、大豆、じゃが芋、シリアル、ブロッコリー、カリフラワー、キウイフルーツ、プルーン、ナッツ、海藻、トマト

では、腸内でつくられるセロトニンは何の意味もないのかというと、そんなことはありません。こちらもＧＡＢＡと同じように、腸内セロトニン濃度の情報が神経系に伝わり、脳のセロトニンの働きに影響を与えているのです。

腸内細菌とセロトニンに関して、興味深い研究が発表されています。２０１３年に『Molecular Psychiatry』誌に発表された研究では、無菌マウスを使って、腸内細菌がいる場合といない場合とを比較して、脳の中のセロトニン量がどのように異なっているかを調査しました。その結果、無菌マウスでは脳内のセロトニン濃度がそれほど高くないのに比べ、成体になる前に外から腸内細菌を移植されたマウスでは、成体になったあとの脳内におけるセロトニン濃度が増加していることが示されました。

この変化は、腸内細菌が存在している限りは成長したあとも維持されていました。つまり、腸内細菌が存在しているかいないかによって、脳のセロトニンの量が変化するということです。

腸内細菌の存在がセロトニン合成にどのような理由や方法で影響を与えているのかについては、まだ研究が始められたばかりなので詳細には明らかになっていません。また、腸内環境が乱れた状態で強いストレスを感じると、腸のセロトニンが過剰になり、過敏性腸症候群（IBS）の原因となるという報告もあります。そのため、セロトニンで幸せを感じるには、まず腸内環境を整えることが大前提です。ご紹介したマウスの研究のように、人間でも子どもの時期にきちんと腸内細菌のケアをして、多様性を獲得することが大切なのは間違いないでしょう。

加えて、脳内でトリプトファンからセロトニンの合成を促す酵素は、ビタミンB_6によってその働きを活性化されます。そしてこのビタミンB_6は腸内酵素の働きによってつくられています。

これらの情報を踏まえると、幸福は腸からつくられるといってもいいかもしれません。健康、アンチエイジング、精神の安定。腸内細菌がつくり出す腸内酵素は、私たちがよりよい人生を送るために欠かせない役割を果たしてくれているのです。

第5章　あなたの腸の問題を解決！　タイプ別腸診断

あなたの腸の弱点を見つけよう

ここまでの章で、腸内酵素がいかに健康、アンチエイジング、心の安定に役立っているかをお話ししてきました。第1章で紹介したように、腸内環境を整え、腸内酵素のパワーを最大限に生かすためには、「4つの習慣」を守ることが大切です。くり返しになりますが、ここでもう一度、その習慣をおさらいしてみましょう。

【1】和食を選ぶ

腸内細菌のパターンは、世界の地域ごとにそのタイプが異なります。たとえば、日本人には海藻類を分解する酵素を持っている腸内細菌（バクテロイデス・プレビウス）が定着しているので、海藻の栄養素を効果的に吸収できます。逆に、牛乳の乳糖を分解する酵素を持っている日本人は少ないため（乳糖不耐性）、牛乳の栄養素をうまく吸収することができません。

125〜127ページでは認知症に地中海式の食事が効果的なことを紹介しましたが、バランスのとれた和食にも同等の効果が期待できます。日本人の腸内細菌パターンに合った、日本の食材を使った和食を中心とした食生活がおすすめです。

【2】発酵食品を食べる

伝統的な手法でつくられている発酵食品（納豆、味噌、ぬか漬けなど）は、栄養素が豊富なだけでなく微生物多様性が大きいため、多様な菌を取り込むことができます。ただし、大量生産しているタイプの商品は、特定の菌しか使っていないため効果が低くなります。

【3】良質な油脂を取り入れる

油脂（油）と聞くと「太りそう」「体に悪そう」と思われがちですが、良質な油脂は細胞やホルモンの材料であると同時に、良好な腸内環境づくりにつながります。

現代人は、揚げ物や加工食品などに多く含まれる、体に炎症を起こすタイプの油脂の過剰摂取で、腸内環境バランスを崩している人が少なくありません。揚げ物や加工食品は控えて、オリーブオイルや亜麻仁油、ココナッツオイル、青魚に含まれるＤＨＡやＥＰＡといった、不足しがちな良質な油脂の摂取を心がけましょう。

【4】抗菌・滅菌しすぎない

過剰な衛生管理は、多様な菌に触れる機会を少なくしてしまいます。経済発展と腸の病気のリスクは比例しているので、衛生的すぎる環境には要注意。52〜55ページで紹介したように、多様な菌に触れる機会があるかどうかが、アレルギーなどにも関係しています。

この「4つの習慣」を守るだけでも腸内環境は改善されていきますが、腸が抱えているトラブルは、人によってさまざまです。そこで、よりみなさんのトラブルに沿った改善策をアドバイスするために、アンケート形式の「6タイプ腸診断」を開発しました（図表11）。この診断では、腸のトラブルのタイプを、「ストレス腸」「冷え冷え腸」「出口ストップ腸」「夜ふかし腸」「型くずれ腸」「食事トラブル腸」の6タイプに分類しています。

本書でご紹介している6タイプ腸診断は、私が講演や勉強会で紹介しているアンケートを書籍用にシンプルにアレンジしたものです。講演や勉強会で診断を体験した方からは「自分の腸の弱点と改善策がわかったことで、食事や生活習慣を変えるきっかけになった」など、うれしい声をいただいています。

各タイプ5個の質問に「当てはまる」「当てはまらない」で答えていただきますが、「当て

図表 11　あなたの腸はどのタイプ？

６タイプそれぞれ５つの質問に「当てはまる」「当てはまらない」の２択で答えてください。
137 ページから「タイプ別の特徴と改善策」をお伝えします。

ストレス腸

□心身に疲労が溜まると、便秘や下痢になりやすい。
□芋やごぼうなど、食物繊維の多い食材を食べるとお腹が張ってしまう。
□家でゆっくりくつろいでいることはほとんどない。
□冷たい飲み物や食べ物が体に合わないことが多い。
□カフェインや唐辛子などの刺激物を食べると、お腹が痛くなることがある。

冷え冷え腸

□お腹を触ると冷たいことがある、もしくは人よりも寒がりだ。
□野菜はサラダなど生で食べることが多い。
□お風呂は湯船につからずシャワーで済ませることが多い。
□風邪を引きやすく、なかなか治りにくい。
□アイスクリームやビールなど冷たいものをよく口にする。

出口ストップ腸

□ふだん、便意を感じないことが多い。
□うんちを出すときはいきんでしまう。
□朝は起きるのが遅く、ゆっくりとトイレに行く時間がない。
□オフィスや外出先では、うんちを我慢してしまう。
□浣腸や下剤を飲んでうんちを出している。

夜ふかし腸

- □夕食は21時以降に食べることが多い。
- □1日のうちで夕食をいちばんしっかり食べている。
- □寝る前についお菓子などをつまんでしまう。
- □0時までに就寝することはほとんどない。
- □お腹いっぱいで寝ることが多く、朝食は食べたくない。

型くずれ腸

- □お腹が空いても、グゥーと鳴ることは少ない。
- □ご飯を食べると胃よりも下腹がポッコリする。
- □デスクワークが多い、または座っていることが多い。
- □姿勢が悪い、または猫背である。
- □定期的に体を動かす習慣はなく、運動不足だと感じている。

食事トラブル腸

- □どか食い、または早食いだと思う、もしくは人からいわれる。
- □定食ものよりも、丼などの一皿料理を好む。
- □現在ダイエット中のため、食事量を減らしている。
- □食べ物の好き嫌いが多いほうだ。
- □外食やコンビニ弁当・お惣菜などを買って食べる機会が多い。

はまる」と答えた質問が2個以上あったタイプは要注意です。人によっては、複数のタイプに当てはまる方もいらっしゃるでしょう。５分もあればできると思いますので、ぜひご家族やお友達と一緒にやってみてください。

タイプ別の特徴と改善する方法

診断結果はいかがでしたでしょうか。たくさんのタイプが当てはまってしまった方も、今日から意識して腸内環境を整えていけば大丈夫です。当てはまるものが多かったタイプから、ひとつずつ改善に取り組んでいきましょう。

それでは、各タイプの特徴と、改善策を紹介していきます。改善策については、１３２〜１３４ページの「４つの習慣」が全タイプに共通するもので、以下はタイプごとにおすすめの方法と考えてください。

タイプ1　ストレス腸

心身のストレスで、腸がパニックを起こしている状態です。仕事や人間関係などのストレスはもちろん、夜型の生活による睡眠不足や運動不足などの生活習慣も、体にはストレスになります。腸はストレスに大きな影響を受ける臓器で、緊張するとお腹が痛くなることも、腸とストレスが密接にかかわっている証拠です。

ストレスが続くと自律神経のバランスが崩れ、交感神経の働きが高まった緊張状態になり、腸の動きが抑えられてしまいます。そのため、腸の蠕動運動がスムーズに行えなくなり、お通じにも影響が出てきます。

ストレス腸の人は、出口付近にとどまった便をなんとかするために、腸がけいれんのような動きを起こすことがあります（腹痛もともないます）。また、便意があってもなかなか出すことができない、出たとしても便がコロコロとしたうさぎの糞のような状態になるのも特徴です。下痢や便秘をくり返したり、お腹が張って硬くなったりする場合もあります。過敏性腸症候群もこのストレス腸に当てはまります。

お通じが滞っていると「便秘には食物繊維」という考えになりがちですが、ストレス腸の人は、ごぼうや玄米などの食物繊維の多い食材を食べると、お腹が張ってしまい逆効果です。冷たい飲み物や唐辛子などの香辛料、遅い夕食も控えたほうがいいでしょう。

改善方法としては、交感神経の働きを鎮め、副交感神経を刺激して腸をやさしくいたわることが大切です。そのためには、腸を温めることが重要なポイントです。冷たいものはなるべく避け、ホットドリンクやスープなど温かいものを取り入れましょう。

油を多く使う料理も腸に負担がかかるのでなるべく避けたほうが無難です。特に、揚げ物やバターを使った料理は回数を減らすといいでしょう。また、自炊の際は、食材を細かく刻んだりよく煮込んだりして、消化をしやすくする工夫をしましょう。やさしくお腹を擦るマッサージも効果的です。

仕事のストレスをなくすのはなかなかかんたんではないかもしれませんが、睡眠不足や運動不足によるストレスは、その気になればすぐにでも改善できるはずです。

6時間の睡眠を確保できるようにし、通勤時にエスカレーターではなく階段を使うようにするだけでも、ストレスは軽減されます。1日の中で、心身を休めるリラックスタイムを設けるのもおすすめです。不調の原因となっているストレスを取り除いて、心身をリラックスさせることに努めましょう。

タイプ2　冷え冷え腸

腸の冷えで、免疫力が低下している状態です。「手先や足先が冷たい」「腰が冷える」など、近年は女性だけでなく男性のあいだでも体の冷えを感じている方が増えています。また、「手足は温かいけれど、お腹を触ると冷たい」というように、ふだんは体の冷えを自覚していなくても、実は胃や腸などの内臓が冷えている方もいらっしゃいます。

腸が冷えると、動きが鈍くなるため老廃物が溜まりやすくなり、便秘を招きます。消化酵素の働きが落ちたり、腸内に住む善玉菌の活動が低下したりするため、食べたものの消化や吸収、栄養素の合成といった働きも弱まります。さらには、腸内に体全体の約70%が集中している免疫細胞の働きも弱まり、風邪やインフルエンザなどの感染症にかかりやすくなってしまうのです。

女性では婦人科系の疾患、男性では腎臓や泌尿器系の疾患のリスクも高まります。代謝も低下するため、体のむくみや、太りやすい体質に変わる原因にもなります。

体が冷える原因は、毎日の生活習慣に潜んでいます。意外な原因のひとつに喫煙があります。喫煙は末端の毛細血管を収縮させるため、血流が悪くなり体温の低下につながるのです。また、パソコンや携帯電話などの電子機器を長時間使用していると、電子機器から発生する電磁波や静電気が血行を悪化させ、こちらも冷えにつながります。

こうした生活習慣は体温調節を担う自律神経のバランスも乱しますが、さらに精神的なストレスも加わると、自律神経だけでなくホルモンバランスも崩れ、体の冷えがより加速してしまいます。

喫煙習慣のある方でこのタイプに当てはまった方は、この機会に禁煙してみてはいかがでしょうか。生野菜やサラダを食べることが多い方は、できるだけ味噌汁やスープを具だくさんにしたり温野菜を食べるように切り替えましょう。

体操、ストレッチなどで体を温めながらリラックスを図ることも、冷えの改善に効果的です。シャワーだけでは体を温めることはできないので、５～10分を目安にできるだけ湯船につかりましょう。お湯の温度は41℃前後で、額からじんわり汗をかく程度がおすすめです。朝食をしっかりと食べることも、寝ているあいだに下がった体温を上げる助けになります。

無理なく続けられる対策で「冷え冷え腸」を改善していきましょう。

タイプ３　出口ストップ腸

お通じの我慢が続いたことにより、腸の神経が鈍くなっている状態です。腸は、朝食をとることで蠕動運動と分節運動（ゆるめたり締めたりをくり返す動き）を起こして、便を送り出しています。

腸壁を押す圧力から便を感知する圧力センサーのような神経が腸内にはあり、圧力センサーの反応が脳に伝わることで、私たちには排便反射（便意）が起こります。

「時間がなくて朝のトイレを我慢してしまった」「出先でトイレに行きたくてもゆっくり行けなかった」といったお通じの我慢が頻繁にあると、次第に圧力センサーが鈍感になってしまいます。そして、次第に便意が起こりにくくなり、結果として、お通じの回数が減り便秘を引き起こすことになります。

圧力センサーの鈍感化による便秘は、64〜65ページ図表7で紹介したとおり「直腸性便秘」と呼ばれるほか、日々の習慣から起こる便秘のため「習慣性便秘」とも呼ばれており、便秘の方でもっとも多い症状です。直腸や肛門の機能低下も招き、治りにくい便秘であることから「スーパー便秘」と呼ばれることもあります。

下剤で便を出すことが多い人や、排便の際にいきんでしまうことが多い方も注意が必要です。こうした習慣は圧力センサーを鈍感にさせる要因になります。姿勢の悪い方など、骨盤の歪みによって骨盤をささえる骨盤底筋が縮まって緊張してしまっている人も要注意です。

「出口ストップ腸」の改善には、便意のきっかけをつくる朝食をしっかり食べること、便意を感じたら我慢しないですぐにトイレに行くことが重要です。5分早く起きるようにして、朝の決まった時間にゆっくりトイレに行くなど、規則正しく無理のない排便習慣にも取り組みましょう。

水分や食物繊維を多めにとって腸を刺激することは、圧力センサーの反応を促すことにつながります。1日1・5Lを目安に水分を補給し、芋類や豆類、海藻、野菜など、食物繊維を多く含む食材を意識して摂取するといいでしょう。

善玉菌を増やして腸内環境を整え、正常な排便リズムを取り戻すのも効果的です。乳酸菌発酵食品を取り入れながら、バランスのよい食生活を目指していきましょう。

タイプ4　夜ふかし腸

睡眠不足が腸の掃除タイムを奪ってしまっている状態です。睡眠は私たちの体や脳を休めるために欠かせませんが、そのほかにも体を守るための重要な役割を担っています。

たとえば、深い眠りの際には大量の成長ホルモンが分泌され、たんぱく質の合成や新陳代謝を促進。活性酸素などで傷ついた細胞を修復して体のメンテナンスが行われます。また、イライラ、不安などに陥った感情は睡眠中に安定するので、健全な心の状態の維持にも関係しています。

夜間の労働や、深夜でも楽しめる娯楽など生活環境の変化によって、私たちの睡眠時間はどんどん短くなっています。これまでお伝えしてきたとおり、睡眠不足は免疫力の低下や肌のトラブルを招くだけでなく、腸にも悪影響を与えます。

実は、私たちは寝ているあいだに腸の掃除を行っているのですが、夜ふかしによって睡眠不足が続くと、十分に掃除が行えないので老廃物が溜まって便秘になりやすくなります。便秘はさらなる腸内環境の悪化を引き起こし、さまざまな不調を招きます。

腸の掃除のメカニズムについて少しくわしく解説していきましょう。

腸は、寝ているあいだに「モチリン」というホルモンを放出します。このモチリンは、消化された食べ物や残りかすを腸の奥へと送り込む「空腹期消化管運動」を起こし、腸の掃除を行います。それ以外にも、モチリンは消化酵素や消化管ホルモンの分泌を促し、腸の内側をきれいにしていきます。0時までに就寝するとモチリンが放出されやすくなるため、夜ふかしは腸の掃除の大敵なのです。

さらに、モチリンは空腹時に分泌されるホルモンなので、腸の掃除をスムーズに行わせるためには、寝るときに胃を空にしておく必要があります。

夜遅い時間に、油を多く使った料理や肉などの消化に負担のかかるものは避けたほうがいいでしょう。また、就寝前にお菓子をつまんだり、食べてからすぐ寝たりすると胃がなかなか空になりにくく、腸の掃除を妨げる原因になります。できるだけ夕食は21時までに食べ（腹八分目がベストです）、その後の間食もしないようにし、0時までに就寝するようにするといいでしょう。寝る時間や起きる時間をある程度固定することも、良好な睡眠リズムの維持に役立ちます。

夜ふかしをせず、睡眠時間をしっかり保てるように、規則正しい生活習慣を心がけて、「夜ふかし腸」を改善しましょう。

タイプ5　型くずれ腸

腹筋力の低下で腸が型くずれしてしまっている状態です。デスクワーク中心の仕事や車での移動が多い現代の生活環境は、体の活動量を低下させています。体を動かす機会が減ると当然筋力が低下しますが、なかでも下腹の筋肉が弱まると、腸の垂れ下がりや変形が起こります。筋力の低下により腹圧もかかりにくくなるため、大腸の最後の部分である直腸まで便を送り出すのが難しくなり、便秘の原因にもなってしまいます。

腹筋力の低下が著しくなると、骨盤の中に腸が埋もれてしまう人もいます。特に女性は男性よりも骨盤が広く、腸が骨盤内に落ち込んでたるみやすいため、便が大腸に滞留する時間が長くなる傾向があります。そうなると、その間に便が硬くなって便秘を助長させてしまうのです。

ごはんを食べると胃ではなく下腹がポッコリと出る人や、デスクワーク中心で運動不足が続いている人は要注意です。出産を経験している人や高齢者も腹筋が弱まる傾向が強く、腸のかたちが崩れやすいです。

「型くずれ腸」の改善には、腸を刺激して動かすことが大切です。激しい運動をする必要はなく、ウォーキングでも十分に効果があります。厚生労働省が行っている「健康日本21」という取り組みでは、1日の目標歩数を男性は9000歩、女性は8500歩（65歳以上は男性7000歩、女性6000歩）に設定していますので、これを目安とするといいでしょう。

特に地方は車移動の方が多く、電車通勤の方と比べると活動量が低くなりがちです。ふだんから歩く機会を増やし、軽い腹筋運動や腹式呼吸、ストレッチなども生活に取り入れていくのがおすすめです。

ずっと座ったまま同じ姿勢でいると腸が縮こまってしまうので、デスクワークが多い方は、一定時間ごとに立ち上がる、ストレッチをするなどして、縮こまりを解消しましょう。

猫背だとさらに腸が縮こまってしまいますから、正しい姿勢で作業することも意識してみてください。

腸を刺激する食材や調理法を取り入れるのも効果的です。たとえば、朝起きてすぐにコップ1杯の水を飲むことは、腸の刺激に役立ち、酵素の働きも活性化させます。唐辛子やこしょうなどのスパイスや、ゴーヤやピーマンなどの苦いもの、柑橘類やお酢などの酸っぱいものも腸を刺激してくれます。

食物繊維が豊富な根菜や穀類を摂取するのもいいのですが、「型くずれ腸」の方が急にたくさんの食物繊維を食べると、逆に便秘がひどくなる場合もあります。1ヵ月程度かけて徐々に食物繊維の量を増やしていくといいでしょう。

タイプ6　食事トラブル腸

ダイエットや食事の偏りで、腸内環境が悪化してしまっている状態です。食事トラブル腸には「ダイエットタイプ」「食物繊維不足タイプ」「アンバランスタイプ」があるので、心当たりがあるタイプに特に注意してください。

・ダイエットタイプ

女性の方のほとんどはダイエットに興味があり、取り組んだことがあるかと思いますが、美容や体重を気にするあまり、過度なダイエットを続けてしまうことは危険です。

絶食によるダイエットなどで食事の量が極端に減ると、便の材料が不足してしまいます。その結果、腸壁への刺激が足りなくなり、腸を動かす蠕動運動が適切に行われません。そのため、排便に影響を与える結果となり、便秘が続くようになるのがダイエットタイプの「食事トラブル腸」です。

代謝も悪くなるので、肌荒れや疲れなど、体のいたるところで不調を感じるようになります。代謝が悪くなるということは痩せにくい体になっていることを意味しますから、せっかくのダイエットも、食べれば以前より太るリバウンドで水の泡になりがちです。食事制限よりも、ウォーキングやストレッチなどの軽めの運動を続けて代謝を上げることを意識しましょう。

・食物繊維不足タイプ

ファストフードなどの外食やコンビニ食が多い人は、食物繊維が不足しやすい傾向にあり、その結果腸内環境が悪化してしまうのが食物繊維不足タイプの「食事トラブル腸」です。

食物繊維には、大麦、海藻、山芋などに多く含まれる「水溶性」と、玄米、豆類、根菜などに多く含まれる「不溶性」の２種類があります。

水溶性の食物繊維は、腸内細菌のエサになります。また、糖質の吸収がゆるやかになり、血糖値の上昇を抑えるとともに、消化の過程で生じた老廃物や毒素などを吸着して排出してくれます。さらに、粘着性があるので、腸をゆっくりと移動することからお腹がすきにくくなるため、余計な間食が減り無理のないダイエットにも役立ちます。

不溶性の食物繊維は、腸の中で水分を吸収して膨らみ、便のかさを増やして腸壁を刺激してくれます。その結果、蠕動運動も促進されてスムーズな排便につながります。両方をバランスよく摂取するようにして、食物繊維不足を防ぎましょう。

・アンバランスタイプ

バランスの悪い食事も腸のトラブルを招きます。お腹の中には約１０００種類もの腸内細菌が住んでいますが、食事の内容によってどのような菌が優勢になるかが変わります。たとえば、乳酸菌などの善玉菌はごはんなどの糖質や海藻などの水溶性食物繊維を好み、ウェルシュ菌などの悪玉菌はお肉などのたんぱく質や揚げ物などの脂質を好みます。

偏った食事によって、腸内細菌のバランスが乱れているのが、アンバランスタイプの「食事トラブル腸」です。好き嫌いの多い人や「○○だけダイエット」のように特定の食品ばかりを食べている人、外食の機会が多い人は要注意。食べる品目を増やすなどバランスのよい食事を心がけて、腸の健康づくりを意識しましょう。

各タイプで解説したとおり、腸のトラブルは、ちょっとした生活習慣や意識の変化で改善することができます。複数のタイプに当てはまった方も、「当てはまる」が多かったタイプから、ひとつずつ対処していけば大丈夫です。「4つの習慣」を守りつつ、ぜひ今日から行動してみてください。そうすれば、お腹の中にいる腸内細菌は、あなたのよきパートナーとして、腸内酵素のパワーで若々しくて健康的な心身の維持を助けてくれるはずです。

第６章　酵素力の上げ方がまとめてわかるＱ＆Ａ

本書の最後となるこの章では、講演会などでよく聞かれる腸や酵素（ここでは腸内酵素に限りません）の疑問にお答えしていこうと思います。私たちの生活をささえてくれている腸や酵素を、もっと身近に感じていただけたら幸いです。

ヨーグルトにも腸との相性がある

Ｑ　最近、菌が生きたまま腸に届くことをうたったヨーグルトなどの商品を、コンビニやスーパーでよく見かけます。これらは本当に健康にいいのでしょうか。

Ａ　生きたまま腸に届くことをうたった商品は（乳酸菌やビフィズス菌の種類が書かれているものが多いです）、あなたの体の腸内環境バランスとマッチすれば、よい効果が期待できます。

こうした摂取すると体によい作用をする微生物（善玉菌）は、「プロバイオティクス」と呼ばれます。このプロバイオティクスと、そしてもうひとつ、善玉菌のエサとなり酵素づくりを促す成分である「プレバイオティクス」を、日常生活で意識して取り入れたいものです。

まず、プロバイオティクスについて説明しましょう。腸内酵素のパワーをもっと生かす＝腸内細菌を元気にする手段のひとつが、乳酸菌やビフィズス菌、つまりプロバイオティクスの摂取です。

腸内環境バランスとマッチするかどうかと条件つきで書いたのは、善玉菌となる微生物にも多くの種類があり、私たちの腸との相性と、それぞれの酵素が持っている特性が異なるからです。いくつかプロバイオティクスの例をご紹介しましょう。

・ラクトバチルス菌

小腸に住んでいる乳酸菌の代表格です。乳製品や植物性の発酵食品などに多く含まれています。長細い棒状のかたちをしていて、ヨーグルトなどに数多くの種類が利用されています。特性もさまざまですが、その一種であるラクトバチルス・カゼイ・シロタ株には、腸内環境を整えるだけでなく、発がんリスク低減効果を示すデータもあります。

・ビフィズス菌

ビフィズス菌は大腸に住んでいます。腸の善玉菌といえば乳酸菌というイメージがありますが、実は乳酸菌の割合は0・1％くらいで、ビフィズス菌が腸内細菌の10％くらいを占めており、主要な善玉菌といえます。

・コッカス菌

ラクトバチルス菌やビフィズス菌と違い、死んでしまっても腸内環境を整える効果が期待できる善玉菌です。そのため、加熱殺菌した商品に含まれて販売されていることもあります。免疫力を高める効果に優れています。私が研究している「ＴＨ10乳酸菌」も、「死菌体」のほうが免疫活性化作用が強いことを論文に発表しています。

プロバイオティクス商品は、善玉菌の酵素の作用によって、免疫活性化や整腸作用、抗菌作用、コレステロール除去作用など多くの効果が期待されます。ですが、菌ごとにつくる酵素が違うため、すべてのプロバイオティクスが同じ効果を持っているわけではありません。いろいろな乳酸菌（ラクトバチルス菌など）やビフィズス菌、さらにはコッカス菌を試してみて、調子がよくなったものを選ぶといいでしょう。

ただ、プロバイオティクスには、先述したように、私たちそれぞれの腸のタイプと相性が悪くて効果が期待できない菌もあります。また、プロバイオティクスは長年研究されてきた分野ですが、腸との相性がよくてもそのまま定着することはなく、その多くは２〜３日で腸を通りすぎていってしまうことが近年の研究でわかってきました。効果は確かに期待できますので、継続して摂取することを考えたほうがいいでしょう。


プロバイオティクスには相性や一過性という問題があるということで、近年重要視されてきているのが、「プレバイオティクス」です。

私たちの腸にはそれぞれ違う組み合わせの腸内細菌が住んでいます。生まれたときの環境やその後の食生活や住環境、生活パターンや誰と一緒に過ごすかなど、さまざまな影響を受けて独自の腸内細菌の構成を持つようになります。私には私の、あなたにはあなたの善玉菌が定着しているのです（乳酸菌だけでも数百種類が存在しています）。

これだけ違う腸内環境に、みんなが同じように１種類のプロバイオティクスを外から摂取しても、効果があるかないかは人それぞれで当たり前です。

それに比べプレバイオティクスとは、自分自身の腸に住んでいる善玉菌を元気にし、酵素づくりを促進するエサのことです。プロバイオティクスと違い、各自に定着している善玉菌がそのエサで活性化するため、誰でも一定以上の効果が期待できます。

悪化してしまった腸内環境を整えるのであれば、プロバイオティクスだけでなく、プレバイオティクスにも取り組むことが大切です。プレバイオティクスとして知られる代表的な成分についても見ていきましょう。

・食物繊維

食物繊維は大腸で腸内細菌のエサとなり、善玉菌による酵素づくりを促します。1950年代の日本人は1日あたり20gの食物繊維を摂っていましたが、現代人はその半分以下という方も少なくありません。

前述したように、食物繊維には水溶性と不溶性があります。エサとなる以外の働きもあり、大麦、海藻、山芋などに含まれる水溶性食物繊維は、糖質の吸収をゆるやかにすることで、血糖値の急激な上昇を抑えてくれます。不溶性食物繊維は、玄米、豆類、根菜などに多く、大腸で水分や老廃物を吸着して便のかさを増し、腸を刺激して蠕動運動を活発にします。ただし、腸の抱えているトラブルによっては食物繊維の摂取が逆効果になることも。まずは第5章の「6タイプ腸診断」でご自身の腸タイプを見てみましょう。

・オリゴ糖（糖質）

近年、糖質制限ダイエットなどが流行し、糖質の摂取量を減らす傾向があります。もちろん、肥満や糖尿病対策としては有効ですが、ふつうの生活で過度に糖質を制限するのは禁物です。なぜなら、腸内細菌の主な栄養源は糖質だからです。

なかでも、米などの穀物や豆類に含まれる難消化性でんぷんやオリゴ糖は、人間の小腸では吸収されずに大腸の腸内細菌の栄養源になります。腸内細菌の酵素によってつくられる酪酸などが、大腸の細胞のエネルギーになって、腸を健康に保ちます。摂りすぎも問題ですが、糖質もある程度は食事に取り入れるようにしましょう。ちなみに、厚生労働省が推奨している1日の最低必要量は100gです（ごはん2杯程度）。

・オメガ3系脂肪酸

オメガ3系脂肪酸というと具体的には、魚から摂取できる動物性のDHAやEPA、亜麻仁油、えごま油などに多く含まれる植物性のα-リノレン酸があります。腸の潤滑剤になることで排便を促し、善玉菌の酵素を活発にします。オメガ3系脂肪酸は熱や光に弱く、摂取するのが難しい成分でもあるので、94～95ページの摂取方法を参考にしながら、サプリメントで補うというのも、ひとつの方法として検討していいでしょう。

プロバイオティクスに加えて、これらのプレバイオティクスを食事に取り入れることで、体によい効果をもたらす酵素を、腸内細菌にたくさんつくらせることができます。プロバイオティクスとプレバイオティクス両方を意識することは、若々しく健康的な生活に欠かせないものといえるでしょう。

発酵食品は昔の製法に菌が多い

Q　納豆や漬物など、日本の伝統的な発酵食品を食べるようにすれば、腸内環境は整えられるのでしょうか。

A　良質な発酵食品には、「生きた菌」と「死んだ菌」、さらには多様な栄養素が含まれているため、腸内環境バランスを整えるのに大きな効果を発揮します。

前の質問でお答えしたとおり、プロバイオティクスとプレバイオティクスを組み合わせて摂取するのは、腸内環境を整えるうえで有効な手段です。しかし、特にプレバイオティクスにおいては、単に食物繊維とオリゴ糖とオメガ3系を摂取するのがベストかというと、そうではありません。腸内細菌も私たち人間と同じように、アミノ酸やビタミン、ミネラルなど、多種多様な栄養素を必要としているからです。

この条件をすべて満たした理想的な食品が、味噌、醬油、漬物など、日本の伝統的な「乳酸菌で植物を発酵させた発酵食品」なのです（ただし、塩分の摂りすぎには注意を）。また、納豆に使用されている納豆菌も腸内環境を整えるのに効果的です。

植物を発酵させた伝統的な発酵食品が優れているのは、菌体成分（菌をかたちづくっている成分の総称）が豊富な点です。発酵に使われる乳酸菌や納豆菌などの微生物は、発酵の始めから終わりまで同じ菌が働き続けるわけではありません。微生物は私たちよりももっと短いスパンで一生を終えます。数分から数時間で新しい菌と入れ替わり、働きを終えた菌は「死菌」として発酵食品中に蓄積していきます。

こうして微生物は何世代も生まれ変わり、発酵をささえています。そして、発酵が終了して完成した発酵食品には、「生きた菌」はもちろん含まれますし、発酵期間中に蓄積した死菌の菌体成分も豊富に含まれていることになります。菌体成分は腸の免疫力を高める効果があり、プレバイオティクス（エサ）としても非常に優秀です。

発酵期間が長く、加熱せずにきちんと微生物の世代交代が進んだ伝統的な発酵食品ほど体によいといわれているのは、この菌体成分の蓄積によるところも大きいのです。

日本古来のものでも、そうでなくても、発酵食品をお店で買う場合は、できるだけ自然の条件で発酵させているものを選ぶのがよいでしょう。店頭で安価に売られているものは、味噌や醬油ならば2週間から1ヵ月、お酢なら1日でつくられる「速醸」のものがほとんどです。そのうえ、多くの速醸タイプには保存料や添加物が配合されています。

しかし、伝統的な手法でつくられているものは、味噌なら10ヵ月くらい、醬油では1年くらい、お酢ならば6ヵ月くらいの発酵熟成期間が必要です。もちろん、2年や3年かけているタイプもあります。

発酵熟成期間が長いほど、さまざまな栄養素の量も豊富になりますし、微生物の多様性が生まれます。大量生産のものが決して悪いというわけではありませんが、自然栽培の作物を原料にした天然の微生物による発酵熟成タイプを選ぶと、やはりその違いがよくわかると思います。

また、長期発酵熟成させた味噌や醬油に含まれる褐色色素成分「メラノイジン」は、抗酸化作用を持ち血管内の健康を守る効果や整腸作用が報告されています。

便で見分けられる腸内の状態

Ｑ　なかなか不規則な生活習慣を正すことができず、腸の状態がどうなっているのか不安です。お医者さんにかからなくても、自分で手軽に腸内環境がよいか悪いかを判断する方法はありますか？

Ａ　便の色やかたち、おならの臭いによって判断できます。

私たちはふだん、お腹の中を見ることができません。お腹の健康の具合を判断するためには、便の状態を見るのがいちばんです。便は、食べ物の残りかすでできたものと考えられています。しかし、便を構成している成分のうち、食べ物の残りかすは約５％にすぎません。

残りの約95％の便の成分のうち、約60％は水分が占めています。約35％は固形成分で、その約15％が腸内細菌の死骸、約20％が腸の新陳代謝によって古くなり剝がれ落ちた腸壁細胞です。つまり、便の状態には、腸内環境が大きく反映されるということです。

便の状態を判断するには、色、かたち、臭いなどが基準となります。これらは便にたくさん含まれている腸内細菌の状態や、腸内細菌のバランスを変化させる食品の摂取量によって変化するからです。次に便の状態を判断するポイントを述べます。

・便の色

便の色は健康な場合は黄土色から茶色になります。この色は胆汁（肝臓で生成される消化液）に由来しており、胆汁に含まれる黄色いビリルビンという成分が腸内細菌の酵素によって変化し、茶色の濃さとなって表れます。

もし悪玉菌が増加していると、色が濃くなり便は黒褐色になっていきます。反対に、善玉菌が多い場合は、黄土色から茶色になります。肉などの動物性たんぱく質を多く摂取すると便が黒っぽくなり、穀物や豆、野菜を多く食べると便が黄色っぽくなるのはこのためです。

・便のかたち

便のかたちは、食物繊維や炭水化物の摂取量が関係しています。こうした成分は、便のかさを増やすために重要です。食物繊維や炭水化物は中に空洞があるような構造をしているので、便を大きくするとともに、軟らかさを与えてくれるのです。

軟らかさを持った便は、排便する際もいきむことなくスルッと楽に出せます。逆に、繊維質が少なく高カロリーや高脂肪の食事が多い場合、便は細く硬くなってしまいます。

ジャンクフードを食べる機会が多かったり、ダイエットのために食事量を減らしたりすると、便をつくる成分が不足して、排便の頻度も下がるため、腸内環境が悪化しているサインとなります。放置しておくと、深刻な便秘につながってしまいます。

・便の臭い

臭いについてですが、悪臭が強い場合は要注意です。腸内細菌に悪玉菌が優勢の状態だと、悪玉菌の酵素によって、悪臭の原因となるインドールやスカトール、硫化水素などが多く合成されるためです。

便だけではなく、おならの臭いも参考になります。腸内細菌は食物繊維や糖質をエサとして生活しています。そして、腸内細菌がエサを利用してエネルギーをつくり出すとき、副産物としてガスも生成します。このガスは、腸内環境が整っていれば有害なものは少なく、ほとんどが二酸化炭素や水素、メタンといった種類です。つまり、おならはきちんと出たほうが、腸内細菌が活発に働いている証拠となります。

おならでお腹の状態を判断する際は、頻度ではなく臭いが重要です。通常、善玉菌がしっかり働いているおならは無臭であるため、周りに不快な思いをさせることはありません。一方、おならの臭いがキツイ場合は、悪玉菌が有害かつ悪臭のするガスをつくっていることが原因です。

悪玉菌が過剰につくり出したアンモニアや硫化水素などのガスは、交感神経を刺激するので、イライラするようになるなど、メンタルにも影響を与えます。活性酸素が過剰に発生して腸粘膜を傷つけてしまうこともあるため、おならの悪臭が慢性化している場合は早期の腸内環境の改善が必要です。

便の色やかたち、便とおならの臭いが変だなと思ったら、本書で紹介した「4つの習慣」を実践しながら、健康的な腸内環境を維持していきましょう。

短期間で腸内細菌が変わる食習慣

Q　和食や欧米食、ほかにもベジタリアン食などいろいろなものがありますが、食事の内容は腸内細菌のバランスに影響しているのですか？

A　食習慣や民族によって、腸内細菌のバランスは大きく異なります。一方、食事によって短期間で腸内細菌が変化することも発表されています。

２０１１年、世界でもっとも権威のある科学誌のひとつ『サイエンス』に、人間の腸内細菌の組み合わせは血液型のように大きく３つに分類できるという「腸のタイプ（エンテロタイプ）」説が発表されました。

この論文によりますと、研究チームは腸内細菌のパターンを解析し、３つのタイプに分類しています。１つ目は「ルミノコッカス属」が多く含まれるタイプ、２つ目は「バクテロイデス属」、３つ目は「プレボテラ属」がそれぞれ多く含まれるタイプです（「属」とは82ページに出てきた「門」よりも細かい微生物の分類を表しています）。

日本人やスウェーデン人は８割以上がタイプ１、アメリカ人や中国人はタイプ２が多く、中南米の人はタイプ３に属する人が多い傾向が明らかになっています。そして、こうした腸のタイプの違いは食生活に由来するのではないかと考えられています。

たとえば、動物性たんぱく質や脂肪分の摂取量が多いとバクテロイデス属が多くなる傾向があります。また、野菜中心の生活で炭水化物の摂取量が多いとプレボテラ属が多い腸のタイプになるのです。

さらに、腸内酵素についても食事との関連性が研究されています。たとえば、アミノ酸の一種であるグルタミン酸の合成酵素はベネズエラとアフリカ先住民の腸内細菌に豊富である半面、グルタミンの分解酵素がアメリカ人に多いことがわかっています。

また、でんぷんを分解する酵素のアミラーゼは、アメリカ人よりもベネズエラやアフリカ先住民の腸内細菌に豊富にあります。これはアフリカ先住民たちがとうもろこしを主食としていることが関係しています。

アメリカ人は脂質を多く含む食事をとるため、胆汁酸の代謝にかかわる酵素が多い傾向にあります。腸のタイプがどれだけ普遍的であるか、食事や疾病などとの関連性、地域間による違いなどについて、現在も盛んに研究が行われています。

ここまでの結果は、長期的な食事のパターンによる違いが反映されている結果ですが、短期間の食事によっても腸内細菌のバランスが変わることが2013年の『ネイチャー』(『サイエンス』に並ぶ科学誌)に発表されました。

20〜33歳のアメリカ人を野菜や穀物などの植物性食、肉や卵、チーズなどの動物性食の2群に分けて5日間摂取させて腸内細菌を解析しています。その結果、動物性食のグループでは2日目から悪玉菌が増加しましたが、動物性食をやめたら2日で元に戻っています。一方で、植物性食ではほぼ変化なしという結果でした。このことから、腸内細菌のバランスは短期間の食事の内容によっても変化することがわかっています。

酵素力を上げる朝昼晩のメニュー

Q　腸内酵素のパワーを生かせるようになる理想的な食事とは、具体的にはどのようなものなのでしょうか?

A　バランスのよい食事内容に加え、時間や食べ方も意識すると効果的です。

次に、管理栄養士とともに考えた、理想的な食事をご紹介します。3食それぞれで、忙しい方でも実践できるように工夫しました。注意したいポイントも書きましたので、参考にしてみてください。

・朝食

忙しい方は、朝食に手を抜きがちです。しかし、1日の始まりは朝食からともいわれるとおり、きちんと食べることが腸内環境の悪化を防ぎ、結果としていい仕事や活動にもつながります。

近年、朝は野菜ジュースだけという方が増えているようですが、野菜ジュースだけでは糖質やたんぱく質が不足してしまいます。忙しい方に特におすすめなのが、手軽ですぐできる納豆ごはん。良質なたんぱく質が摂り入れられますし、お味噌汁や果物を食卓にプラスすると、バランスのよい理想的な食事に近づきます。果物はバナナが手軽かつ腸内環境のケアにも効果的です。

余裕がある方は、緑黄色野菜のサラダにオリーブオイルを大さじ1杯かけたものをさらに加えましょう。便秘を予防し腸をスッキリさせる効果があります。

・昼食

昼食は、午前中の仕事や活動がひと段落し、エネルギーチャージをする機会といえます。動きがさらに活発になる午後に向けて、酵素の働きを助けるビタミンやミネラルを摂り入れましょう。

お弁当の場合は、ひじきをたっぷり入れた卵焼きや、豚肉の緑黄色野菜巻きなどのおかずがおすすめです。朝の活動で消費した糖質を補うために、ごはんもしっかり食べましょう。

コンビニ弁当に頼りがちという場合は、みかんやグレープフルーツなどの果物を一緒に食べるようにするとバランスが改善されます。外食が多い方は、丼ものや麺類といった糖質や脂質に栄養素が偏ったものになりがちなので、野菜が豊富なメニューを意識することが大切です。

禁物なのは、時間がないからといって早食いをすることです。よく嚙まないと消化酵素による分解がうまく進まなくなり、腸内環境を乱す原因になるのでご注意ください。

・夕食

夕食には、就寝に向けて腸内環境や神経バランスを整えるという役割もあります。夕食後3時間くらい経つと、体は就寝に向けてスイッチが切り替わります。夕食の時間が遅かったり、消化の悪いものを食べたりすると、体が休息をとれないだけでなく、翌朝の食欲不振にもつながります。

夕食に取り入れたい食べ物は、オメガ3系脂肪酸が豊富な青魚、そして納豆や味噌汁などの発酵食品です。私は夕食には、納豆や味噌汁、キムチなどの発酵食品をできるだけひと品以上加えるようにしています。湯豆腐や冷や奴、ほうれん草の胡麻和えなど、たんぱく質や鉄分を補う副菜を取り入れることもおすすめです。

また、朝に食べる方が多いヨーグルトですが、実は、夜食べることにもメリットがあります。ヨーグルトに含まれるカルシウムには、筋肉や神経を穏やかにする働きがあります。体を休める前に食べれば気分が穏やかになり、低カロリーで消化もよいので安心です。

余談ですが、２０１４年11月に、牛乳をたくさん飲むと骨折率や死亡率が上がるという論文をスウェーデン・ウプサラ大学の研究チームが発表して、大きな話題となりました。牛乳に多く含まれる、「D-ガラクトース」という老化を促進させる成分が原因ではないかと同論文では分析しています。

牛乳からできるヨーグルトは大丈夫なの？　と心配な方もいるかもしれませんが、ヨーグルトやチーズなどの発酵乳製品は、逆に骨折リスクが低減されるということが同じ論文に載っていますので安心してください。発酵乳製品では逆にリスクが減ったのは、発酵乳製品にはD-ガラクトースが少なく、乳酸菌がカルシウムの吸収を促すことが関係しているのではないかと推測されます。

なお、牛乳に関しても、全人類にあてはまる研究ではなく、スウェーデン人にだけ当てはまる研究結果の可能性もあり、今後さらなる検証が必要でしょう。

夕食は外食も含めて揚げ物や丼ものになることが多く、高カロリーになりがちです。第3章で、週2回のカロリー制限で腸内環境が改善した研究をご紹介しましたが、実践される場合は、カロリーオーバーになりがちな夕食を週2回軽めにするといいでしょう。

副交感神経の働きを高めてリラックスするために、ゆっくりと時間をかけて食べることも意識したいところです。食事の内容はもちろんですが、いつどのように食べるかも、夕食では大切です。

母乳が善玉菌を増やせるわけ

Q　赤ちゃんは母乳で育てたほうが、免疫力が高くなるという話をよく耳にします。やはり粉ミルクは、赤ちゃんの健康にはよくないのでしょうか。

A　人工乳も改良が重ねられていますが、母乳栄養児では赤ちゃんの腸内において乳酸菌やビフィズス菌の勢力が強まるというデータがあります。

母乳栄養児と人工栄養児の大きな差は、免疫機能に表れてきます。103ページでも少し触れましたが、私たちは、母親の産道を通って外の世界に出てくる際に、母親から菌を受け継ぎます。そのほかにも病院の空気中の菌から、医師や看護師経由、器具類に付着している菌までが体に入り込み、菌の多様性が形成されていきます。

生後1週間の赤ちゃんの腸内細菌は、特にドラマチックに変化します。生まれてすぐは、赤ちゃんの腸内の酸素濃度が比較的高いので、酸素を好む大腸菌やストレプトコッカス属という菌が増えます。生後2日目以降、母乳を摂取するにつれてビフィズス菌がほぼ90％に増加します。

乳幼児は免疫力が弱いため、腸内細菌バランスが、いかに早く免疫細胞の形成を促すビフィズス菌優勢になるかということが重要です。オリゴ糖が豊富に含まれている母乳は、プレバイオティクス（エサ）として大きな役割を果たしています。人工乳ではビフィズス菌を優勢にするスピードが遅くなっていますし、酵素からホルモンまで、母乳に含まれる数えきれないほどの種類の生体防御成分を見てしまうと、見劣りするといわざるを得ません。

１９２０年代に日本で初めて人工乳の原型がつくられて以来、感染防御などの研究結果に基づいて、ビフィズス菌増殖因子やラクトフェリンの配合などの改良が加えられており、人工栄養児でも母乳栄養児と同様にビフィズス菌優位の腸内細菌パターンが形成されるようになってきました。

しかし、まだまだ母乳栄養児と人工栄養児の腸内細菌には差があります。２０１４年に学術誌『Applied and Environmental Microbiology』に発表された研究では、赤ちゃんを少なくとも生後９ヵ月まで母乳で育てることで、赤ちゃんの腸内において乳酸菌やビフィズス菌の勢力が強まることが報告されています。とともに、母乳を与えるのを止めると腸内細菌の構成が大きく変化することも明らかにされています。

また、同じく２０１４年に、東京医科歯科大・小川佳宏教授らの研究チームが、マウスの研究において母乳栄養児は脂肪を燃焼させる遺伝子が活性化され、将来的に肥満や生活習慣病になりにくい可能性があることを発表しています。

これらの研究によって、改めて母乳の素晴らしさが示されました。

母乳の成分は母親の食事内容によって変わってきます。特別な場合を除き、腸内細菌の観点からも、母親が食事バランスにも気をつけたうえで、母乳で育てることを推奨します。

酵素サプリメントは製法で選ぶ

Ｑ　酵素サプリメントの摂取を検討していますが、どのようなものを選べばいいかわかりません。何か選ぶ際の基準はあるのでしょうか。

Ａ　プロバイオティクスとプレバイオティクス両面が期待できるものがベターです。そのためには、日本古来の発酵製法でつくられたものを選びましょう。

日本の酵素サプリメントとは一般的に、果実や野菜など、自然界にある植物性の原料を微生物の力で発酵させたものをいいます。商品によりますが、基本的にはプロバイオティクスとプレバイオティクス両面から、腸内細菌バランスを整えて、善玉菌の酵素パワーを高めるのが目的です（ただし、冒頭の19〜21ページで紹介した酵素ドリンクのように、殺菌処理がされているものもあるので、本当に効果的かどうかは注意が必要です）。

サプリメント大国であるアメリカでも、酵素サプリメントは人気がありますが、日本の酵素サプリメントとは考え方が大きく異なります。アメリカで酵素サプリメントといえば、食事の消化を補うことに特化した商品なのです。

27ページで紹介したように、酵素は大きく分けて、消化酵素と代謝酵素に分かれます。アメリカで主流になっているのは、この消化酵素を摂取するタイプです。

日本でアメリカと同じような考え方の酵素サプリメントがかんたんに手に入るかといえば、答えは「ノー」です。日本では、こうした酵素をそのまま配合すると「医薬品」指定となってしまい、薬の扱いになるのです。そのため、消化補助の目的で酵素サプリメントを摂取したい場合は、医師からの処方が必要です。

私が研究しているサプリメントは、日本では「酵素（＝植物発酵食品）」と分類されますが、アメリカではプロバイオティクスとプレバイオティクスの効果を併せ持つ発酵サプリメントとして評価されています。その結果として、研究開発を手がける発酵サプリメントは、２００８年から5年連続で同国で多数の読者を誇る健康雑誌の「Best of Supplements Award」を受賞。２０１４年もプロバイオティクス部門で第1位を受賞することができました。

サプリメントが薬なのか食品なのかは、国によって法律が異なります。日本ではサプリメントはあくまでも「食品」であり、医薬品とは厳しく区別されています。一方、アメリカでは、サプリメントは食品と薬の中間的な存在として位置しています。アメリカでサプリメントがこの位置に属しているのは、「予防医学」という考え方があるからです。

アメリカと日本では、医療保険制度が大きく異なります。日本では、患者が負担する病院の初診料は約２８００円です。これは、日本の保険が「国民皆保険制度」であり、文字どおり国民全員が医療保険に入っているため、医療費が3割負担で済むからです。

一方で、世界一高い医療費を支払っているのがアメリカ人です。アメリカでは、患者が負担する初診料は約７８００円。低所得者や障害者などの一部を除いて、公的医療保険制度がないからです。入院した場合も室料だけで円にすると、1日に約20万円から30万円程度の請求をされるのがふつうです。たとえば、急性虫垂炎で入院し、手術（1日入院）を受けた場合には、100万円以上の請求がやってきます。

そんな状況の中、アメリカには約4500万人の無保険者がいるといわれています。こうした現状があるため、アメリカ人は自分の体は自分で守るという意識が強いのです。日本と比べて栄養素など健康に対する知識が豊富であり、サプリメントのマーケットも大きく、サプリメント大国と呼ばれる理由となっています。

ただ、私の印象では、アメリカ人は栄養素を単体で捉える傾向にあるため、サプリメントにおいてはひとつの栄養素を集中して摂る傾向があり、日常の食事においても、知識があるにもかかわらず偏りが生じているように思います。逆に日本では、アメリカと比較してバランスのとれた食事がたくさんあるのに、「なぜそれが健康によいか」という知識が不足しているように見受けられます。

アメリカで消化・吸収補助の酵素サプリメントが認可され、人気となっている背景には、日米での食生活の大きな違いもあります。アメリカは肉食やファストフードが中心の文化で、消化・吸収に困難を抱えている人が少なくなく、外から消化酵素をサプリメントで摂取しなければ、うまく食事の分解ができない人が多いからです。

対して、日本の酵素サプリメントは基本的に発酵食品のことを指し、消化補助のみというよりも、プロバイオティクスとプレバイオティクスによるトータルでの健康補助に重きが置かれています。

日本古来の製法でつくられた酵素サプリメントのほうが、含まれる微生物の多様性も栄養素も優れている可能性が高いので、選ぶ際は製法をきちんとチェックしましょう。

毒性が強い大腸菌から身を守る

Q　大腸菌による食中毒がたびたび話題になることがありますが、すべての大腸菌が悪さをするわけではないという話も聞いたことがあります。大腸菌のすべてが悪玉菌というわけではないのでしょうか。

A　ほとんどの大腸菌は無害ですが、O157やO111などの腸管出血性大腸菌には要注意です。

みなさんの中で大腸菌というと、食中毒事件でよく名前を見るO157の印象が強いのではないでしょうか。さらに2011年に、焼き肉チェーン店のユッケが原因で4人の死者を出した食中毒事件がありましたが、このときの病原性菌は、O111という大腸菌でした。大腸菌＝食中毒＝悪玉菌というイメージが強くなるのも仕方がないかもしれません。

しかし、大腸菌の実態はというと、いろいろな環境に住んでいる、ごくふつうの微生物で、鳥や哺乳類の腸内、そして私たち人間の腸内にもふつうに生育しています。こうした大腸菌は、ほとんどの場合、無害で悪さをすることはありません。また、生化学実験のモデル微生物として、科学者がごく日常的に使用している微生物でもあります。

たとえば私の場合、研究で大腸菌の中に人間から取り出した遺伝子を挿入して、大腸菌に人間の酵素をつくらせていました。大腸菌は分裂速度がとても速いので、実験で使うたくさんの酵素を短時間でつくり出すことができるのです。

私たちのよく知る「O157」は、「O抗原を持つ大腸菌のうち、157番目に発見された菌」という意味です。大腸菌は、菌の表面にあるO抗原（細胞壁由来）とH抗原（鞭毛《べんもう》由来）により細かく分類されています。抗原という言葉はわかりにくいと思いますが、菌のかたちの特徴だとイメージしてください。O抗原を持つ大腸菌は約180種類、H抗原を持つ大腸菌は約70種類がこれまで発見されています。

ひとことで大腸菌といっても、実に多くの種類が存在することがおわかりいただけたでしょうか。ほとんどの大腸菌は通常は無害で悪さをしませんし、もし悪さをしたとしても下痢を起こすくらいです。しかし、なかには強い毒素をつくる種類の大腸菌がいて、これが腸管に付着したり血中に侵入したりすると、重篤な症状を引き起こします。

O157やO111は、腸管出血性大腸菌という分類の、強い毒素をつくる種類の大腸菌なのです。これは、ベロ毒素と呼ばれる強い毒素をつくり、激しい腹痛、下痢、血便を引き起こします。

過度な殺菌や滅菌は、体内や体の表面の菌の多様性をなくすことにつながり、免疫力の低下などを引き起こします。とはいえ、強い毒素をつくるような病原性の菌が口に入るのを避けなくてはなりません。

では、どのようにして、腸管出血性大腸菌の感染を防げばいいのでしょうか。O157の感染の原因と特定されている、もしくは推定されている食品を見てみましょう。

国内……井戸水、牛肉、レバ刺し、ハンバーグ、牛角切りステーキ、牛たたき、ローストビーフ、サラダ、かいわれ大根、キャベツ、メロン、白菜漬け、そばなど。

国外……ハンバーガー、ローストビーフ、生乳、アップルジュース、ヨーグルト、チーズ、ソーセージ、とうもろこし、マヨネーズ、レタス、発芽野菜など。

このように、多くの食材がO157の感染源として認められています。肉類の非加熱によって感染する事例はもちろんのこと、調理時に同じ環境に野菜があることで感染が広がる場合もあります。また、畑に病原性大腸菌を持った動物が入り込み、そこから野菜に菌が移ることもあります。

食中毒は気温が高い夏前から秋にかけて発症数が増えます。腸管出血性大腸菌はもちろん、鶏肉が原因のカンピロバクター、刺身が原因の腸炎ビブリオ、卵が原因のサルモネラ菌など、多くの病原性菌がこの時期に増殖します。これは、病原性菌の最適な生育温度が25〜37℃付近だからです（逆にウイルスは低温と乾燥を好むため、冬場に流行します）。

免疫力が弱い子どもやお年寄りは食中毒になりやすいということも忘れないでください。1999〜2005年の腸管出血性大腸菌による食中毒患者のうち、9歳以下と60歳以上が半数を占めています。

今ここで取り上げた病原性菌は高温に弱く、75℃で1分間の加熱によって、ほとんどの場合は死滅します。夏場に限らず、抵抗力の弱い子どもやお年寄りの食事は、肉類はよく加熱するなどの注意が必要です。生野菜を食べる場合も、二次汚染の危険性がありますので、十分に洗って食べるようにするといいでしょう。

健康食品の酵素の効果とは何か

Q　健康食品はもちろん、そのほかの商品でも酵素の文字を見かけることがあります。それらの商品では、どのように酵素が役に立っているのでしょうか。

A　酵素、なかでも微生物がつくり出す酵素の働きを生かした技術は、特定の成分の合成や分解に力を発揮していて、私たちの生活の中でたくさん活用されています。

まず、私たちの生活に密着している酵素の活躍事例を、いくつかご紹介しましょう。

・化学調味料

化学調味料には、旨味や風味づけをするためにアミノ酸やペプチドが添加されているものがあります。そのアミノ酸やペプチドは、大豆などの植物性たんぱく質を材料として、酵素の力で合成して量産するのが一般的です。

・オリゴ糖

ビフィズス菌など腸内の善玉菌を増やす効果があるオリゴ糖は、腸内環境のバランスをサポートするものとして、健康食品に多く利用されています。このオリゴ糖も、乳糖、ショ糖、でんぷん、食物繊維を材料として、酵素の働きでつくることができます。

・ヒアルロン酸

美容・健康分野で欠かせない成分がヒアルロン酸です。保水力に優れ、肌をみずみずしく張りのある状態に保つという効果から美容分野では化粧水やスキンクリームなどに使われています。健康食品、さらには医療用として洗口液や洗眼液、関節機能改善剤ほか広く利用されてもいます。このヒアルロン酸の一種は、微生物の酵素の働きでつくられています。このヒアルロン酸に、たんぱく質分解酵素の一種であるパパインを添加することで、ムダ毛を分解・切断していく除毛剤もあります。

・たんぱく質分解酵素

洗剤でも酵素の文字をよく目にすると思います。着用した衣服には、皮脂やほこりなどの汚れに加え、たんぱく質の汚れがつくものです。特にワイシャツなどの襟や袖口にはたんぱく質の汚れがつきやすく、こうした汚れは衣類の繊維に強くくっついているので、体の汚れは落とせる石鹸で洗濯しても落としきれません。この汚れを落とすために、たんぱく質分解酵素が活用されています。皮脂の汚れを分解するために、脂質分解酵素が配合されている洗剤もあります。

そのほか、医薬品においても多くの酵素が活用されています。また、汚染された海水の浄化などでも酵素が活用され始めているようです。目には見えませんが、これらの酵素をつくってくれる微生物たちに、私たちはもっと感謝したほうがいいかもしれません。

おわりに

以前の私は、自分の興味のある研究や、大学で成果を出すための研究を、日々の務めと感じているごくふつうの研究者生活を送っていました。

しかし、あるきっかけが私の考え方を変えたのです。それは、２０１１年3月11日に発生した東日本大震災でした。

あの日、私は岡山県の会社でいつもと変わりなく仕事をしていました。すると、アメリカの仕事仲間から「大丈夫か！」と安否を気遣う電話がかかってきたのです。そして、テレビのスイッチを入れた途端に、津波の映像が目に飛び込んできました。あの衝撃は、今でもはっきり覚えています。

始めたばかりのTwitterにはその日を境に、震災や放射能関連の投稿が押し寄せ、デマや信頼性の低い情報に多くの人たちが振り回されている現状を目にしました。そして、「自分の知識をきちんとした内容で必要としている人に届けたい」と痛感したのです。

私は博士号を取得した際の研究で放射性物質を取り扱っており、それなりの知識を有していました。そこから「放射能に負けないためにも、体づくりや腸を整えることが大切なのだ」と改めて感じるようになったのです。

本書でもお伝えしてきたように、腸は体の外側と内側を隔てる不可欠な役割を果たしています。放射性物質に負けない体づくり、そしてたとえ傷ついたとしてもそれを修復する機能を高めるためにも、食事や腸内細菌の重要さを伝えなくてはならないのではないかと、強く意識しました。

震災以降、福島で活動する方々と連携し、子どもたちにお好み焼きを届けるボランティア活動を行ってきました。実は、お好み焼きは多彩な食材が使用されていて、特にキャベツはアメリカの国立がん研究所が提唱しているデザイナー・フーズ（がん予防効果のある食材）の頂点にも選ばれています。お好み焼きを通じて食べることの大切さを体感し、がんに負けない体づくりをしてほしいという願いも込められているのです。

２０１４年、福島の小学生に「放射能に負けないための食生活」というテーマで講演してほしいと依頼を受けました。子どもたちの将来が左右される大切な時期に伝える内容です。

何をどう伝えるか深く悩みました。

でも、自分なりの言葉で伝えたいことを全部伝えようと決意し、放射能のこと、がんのこと、免疫のこと、腸内環境のことを語っていきました。子どもたちも最後まで、ずっと私の目を見て話を聞いてくれていました。

翌日、親御さんたちから「今まで私が何度いっても好き嫌いを止めなかったのに、髙畑先生のお話を聞いてすぐに、好き嫌いをしない！　と子どもがいいました」といった感想をいくつもいただきました。この経験を通じて、きちんとした食や腸の知識を伝えることがいかに大事かを実感し、私がこの本を執筆するうえでの大きな原動力となったのです。

「You are what you eat.（あなたが食べたものであなたの体はつくられている）」

アメリカでよく使われるこの言葉は、食の改善に積極的に取り組んでいるオバマ大統領夫人ミシェルさんのスピーチにもたびたび登場してきます。

毎日の食べ物の積み重ねが、今の自分をつくっている。つまり「何を食べるかであなたの人生は左右される」ということを意味しています。明日の自分のために、未来の自分のために、きちんと考えて食べなくてはならないという食生活の大切さが、この言葉に込められています。そして、その延長線上には理想的な腸内環境や、最適な腸内酵素の働きが待っています。

体の細胞は約3ヵ月かけて生まれ変わります。腸内細菌のバランスは長期の食生活だけでなく、短期的な食事の変化でも改善していけることは本書でお話ししたとおりです。毎日少しずつの積み重ねが、健康な体づくりや腸内酵素の働きにつながっていきます。私自身、そのことを胸に秘めながら、これからも研究を続けていきたいと思います。最後まで本書をお読みいただき、本当にありがとうございました。

本書を上梓するにあたり、知識や経験を多くの方々に届けることの大切さを認識し、執筆に理解を示してくれた弊社社員一同に心より感謝の意を表します。また、被災地の方々にいただいた多くの勇気と感動に感謝を申し上げるとともに、一刻も早いご復興を心より祈念いたします。

２０１５年１月

髙畑宗明

編集協力　クラウドブックス株式会社　鈴木収春

髙畑宗明

農学(微生物遺伝子化学)博士。

1979年生まれ。岡山大学大学院自然科学研究科バイオサイエンス専攻。現在、株式会社バイオバンク統括部長を務める。自らの体験と発酵食品が健康に大きく貢献している事例を世界20ヵ国近くで目にしたことにより、腸内細菌の研究に従事。国内外で研究論文を発表するほか、学会発表も多数。自身が研究開発している発酵サプリメントは、アメリカで2008年から「Best of Supplements Award」を6回受賞するなど、国際的に高い評価を得ている。国内外での講演や食育活動に加え、メディアへ腸内細菌や乳酸菌に関する情報を寄稿するなど、老若男女の健康な腸づくりを支える活動に尽力している。日本乳酸菌学会、日本農芸化学会、日本畜産学会、日本細菌学会、日本酪農科学会、日本栄養改善学会各会員。

講談社+α《プラスアルファ》新書 **676-1 B**

「腸内《ちょうない》酵《こう》素《そ》力《りょく》」で、ボケもがんも寄《よ》りつかない

髙《たか》畑《はた》宗《むね》明《あき》

2015年2月19日第1刷発行

発行者——— 鈴木 哲
発行所——— 株式会社 講談社
東京都文京区音羽2-12-21 〒112-8001
電話 出版部(03)5395-3532
販売部(03)5395-5817
業務部(03)5395-3615
装画——— 高橋 潤(DRAWS)
デザイン——— 鈴木成一デザイン室
カバー印刷——— 共同印刷株式会社
印刷——— 慶昌堂印刷株式会社
製本——— 株式会社若林製本工場
本文データ制作——— 朝日メディアインターナショナル株式会社

定価はカバーに表示してあります。

落丁本・乱丁本は購入書店名を明記のうえ、小社業務部あてにお送りください。

送料は小社負担にてお取り替えします。

なお、この本の内容についてのお問い合わせは生活文化第三出版部あてにお願いいたします。

Printed in Japan
ISBN978-4-06-272874-4